Table des matières

Module : Les besoins des êtres vivants	2	Vocabulaire des sciences	90
Module : L'énergie	25	Évaluation de mon travail	91
Module : Matériaux, objets et structures	46	Grille d'évaluation - Sciences	92
Module : Le cycle des jours et des saisons	68	Domaine des sciences - Grille	93
Certificats de mérite	89	Corrigé	94

Conseils pour l'enseignement

Éveiller l'intérêt des élèves

Aidez les élèves à mieux comprendre et apprécier les divers concepts en mettant à leur disposition, dans un coin de la classe, des livres informatifs, des images et des collections reliés aux sujets étudiés qui les encourageront dans leur apprentissage.

Activité « Ce que je pense savoir/ Ce que j'aimerais savoir »

Présentez chaque module de sciences en demandant aux élèves ce qu'ils pensent savoir et ce qu'ils aimeraient savoir du sujet. Cette activité peut être faite en groupe classe (au moyen d'un remue-méninges), en petits groupes ou individuellement. Une fois que les élèves ont pu répondre aux questions, rassemblez l'information trouvée afin de créer un tableau de classe que vous pourrez afficher. Tout au long de l'apprentissage, évaluez les progrès que font les élèves afin d'atteindre leur objectif, pour ce qui est des connaissances qu'ils veulent acquérir, et afin de confirmer ce qu'ils pensent savoir.

Vocabulaire

Notez, sur une feuille grand format, le nouveau vocabulaire relié au sujet étudié, afin que les élèves puissent s'y reporter. Encouragez les élèves à utiliser ce vocabulaire spécialisé. Classez les mots dans les catégories noms, verbes et adjectifs. Invitez aussi les élèves à concevoir leur propre dictionnaire de sciences dans leur cahier d'apprentissage.

Cahier d'apprentissage

Un cahier d'apprentissage permet à chaque élève d'organiser ses réflexions et ses idées au sujet des concepts de sciences présentés et étudiés. L'examen de ce cahier vous aide à choisir les activités de suivi qui sont nécessaires pour passer en revue la matière étudiée et pour clarifier les concepts appris.

Un cahier d'apprentissage peut contenir :

- des conseils de l'enseignante ou enseignant
- des réflexions de l'élève
- des questions soulevées
- des liens découverts
- des schémas et images avec étiquettes
- les définitions des nouveaux mots

Les êtres vivants

Tous les êtres vivants ont besoin d'air, d'eau et de nourriture.
Tous les êtres vivants grandissent et changent.

Les personnes sont des êtres vivants.

Les animaux sont des êtres vivants.

Les plantes sont des êtres vivants.

Penses-y!

1. De quoi ont besoin tous les êtres vivants?

_____

2. Un écureuil est-il un être vivant? Comment le sais-tu?

_____

_____

_____

« Les êtres vivants » - Penses-y! (suite)

3. Regarde les images ci-dessous. Encercle les êtres vivants. Explique à ton partenaire pourquoi il s'agit d'êtres vivants.

a) une voiture jouet

b) un ours en peluche

c) un homme

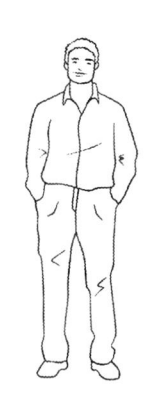

d) un chien

e) une plume

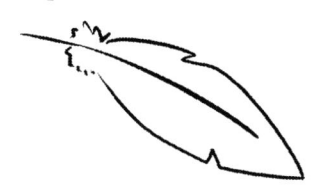

f) un tabouret

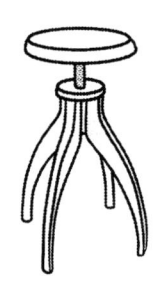

g) une vache

h) une fleur

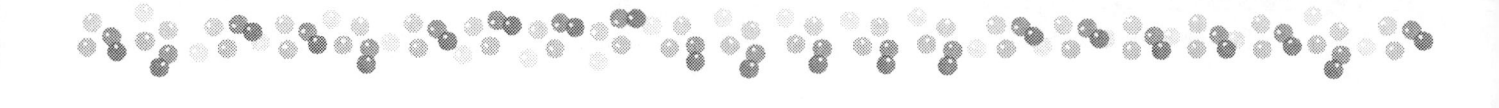

Un collage d'êtres vivants

Cherche des images d'êtres vivants dans des magazines. Découpe les images et colle-les ci-dessous.

Écris une phrase au sujet des êtres vivants.

_____

Un collage d'objets inanimés

Cherche des images d'objets inanimés dans des magazines. Découpe les images et colle-les ci-dessous.

Écris une phrase au sujet des objets inanimés.

_____

Mon corps

Trace une ligne, de chaque étiquette à la partie du corps qu'elle désigne.

les cheveux	la tête
une oreille	un sourcil
le nez	une main
un poignet	un œil
le menton	une bouche
un bras	un coude
le cou	une épaule
la poitrine	un genou
le ventre	une jambe
un pied	une cheville

Pourquoi ton corps est utile

Ton cerveau t'aide à apprendre et à penser.

Tes poumons t'aident à respirer.

Ton cœur fait circuler le sang dans ton corps.

Tes muscles te permettent de bouger.

Ton estomac et tes intestins digèrent la nourriture que tu manges.

Tes os soutiennent ton corps.

« Pourquoi ton corps est utile » - Penses-y!

Trouve la réponse à chaque devinette. Sers-toi des mots ci-dessous.

**les os   les doigts   le cerveau   les muscles
les poumons   le cœur   les dents**

1. Nous te permettons de bouger. _____

2. Nous t'aidons à mordre dans une pomme. _____

3. Je t'aide à apprendre et à penser. _____

4. Je t'aide à tenir ta brosse à dents. _____

5. Nous t'aidons à respirer. _____

6. Je fais circuler le sang dans ton corps. _____

7. Nous soutenons ton corps. _____

Réfléchis bien

Tes bras te permettent d'atteindre et de transporter des objets. Tes pieds t'aident à te tenir debout et à bouger.

Parle à ton partenaire de ce que font les autres parties de ton corps.

Tes cinq sens

Découpe dans des magazines des images qui montrent l'utilité des cinq sens. Colle-les ci-dessous.

La vue

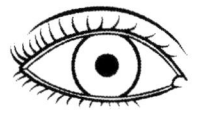

Je me sers de mes yeux pour voir.
Voici des choses que je peux voir.

L'ouïe

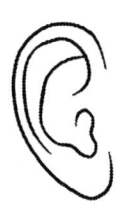

Je me sers de mes oreilles pour entendre.
Voici des choses que je peux entendre.

Le toucher

Je me sers de mes doigts pour toucher.
Voici des choses que je peux toucher.

suite à la page suivante

L'odorat

Je me sers de mon nez pour sentir.
Voici des choses que je peux sentir.

Le goût

Je me sers de ma langue pour goûter.
Voici des choses que je peux goûter.

« Tes cinq sens » - Penses-y!

1. Je vois avec mes _____yeux_____.

2. J'entends avec mes _____oreilles_____.

3. Je touche avec mes _____doigts_____.

4. Je sens avec mon _____nez_____.

5. Je goûte avec ma _____longue_____.

suite à la page suivante

« Tes cinq sens » - Penses-y! (suite)

6. Choisis le sens qui va avec chaque paire d'images. Sers-toi de chacun des mots ci-dessous une seule fois.

l'ouïe   la vue   l'odorat   le goût   le toucher

a) _____

b) _____

c) _____

d) _____

e) _____

Comment les animaux se déplacent

Les parties du corps des animaux les aident aussi. Les animaux se déplacent tous de façons différentes

Les poissons ont des nageoires pour nager.

Les oiseaux ont des ailes pour voler.

Les serpents bougent tout leur corps pour avancer.

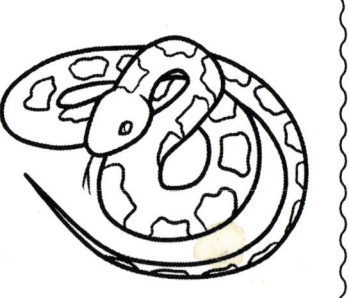

Beaucoup d'animaux ont des pattes.

Trace une ligne, de chaque animal à la façon dont il se déplace.

a) Cet animal peut bondir.

b) Cet animal avance lentement.

c) Cet animal court rapidement.

d) Cet animal peut grimper.

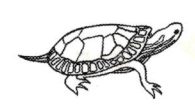

Compare des êtres vivants

Compare deux êtres vivants. Tu peux

- comparer deux animaux;
- comparer deux humains;
- comparer un animal et un humain.

Comparaison		
Quelle est leur taille?		
De quoi ont-ils l'air?		
Les ressemblances		
Les différences		

Les parties d'une plante

Cette image montre les quatre parties principales d'une plante à fleurs.

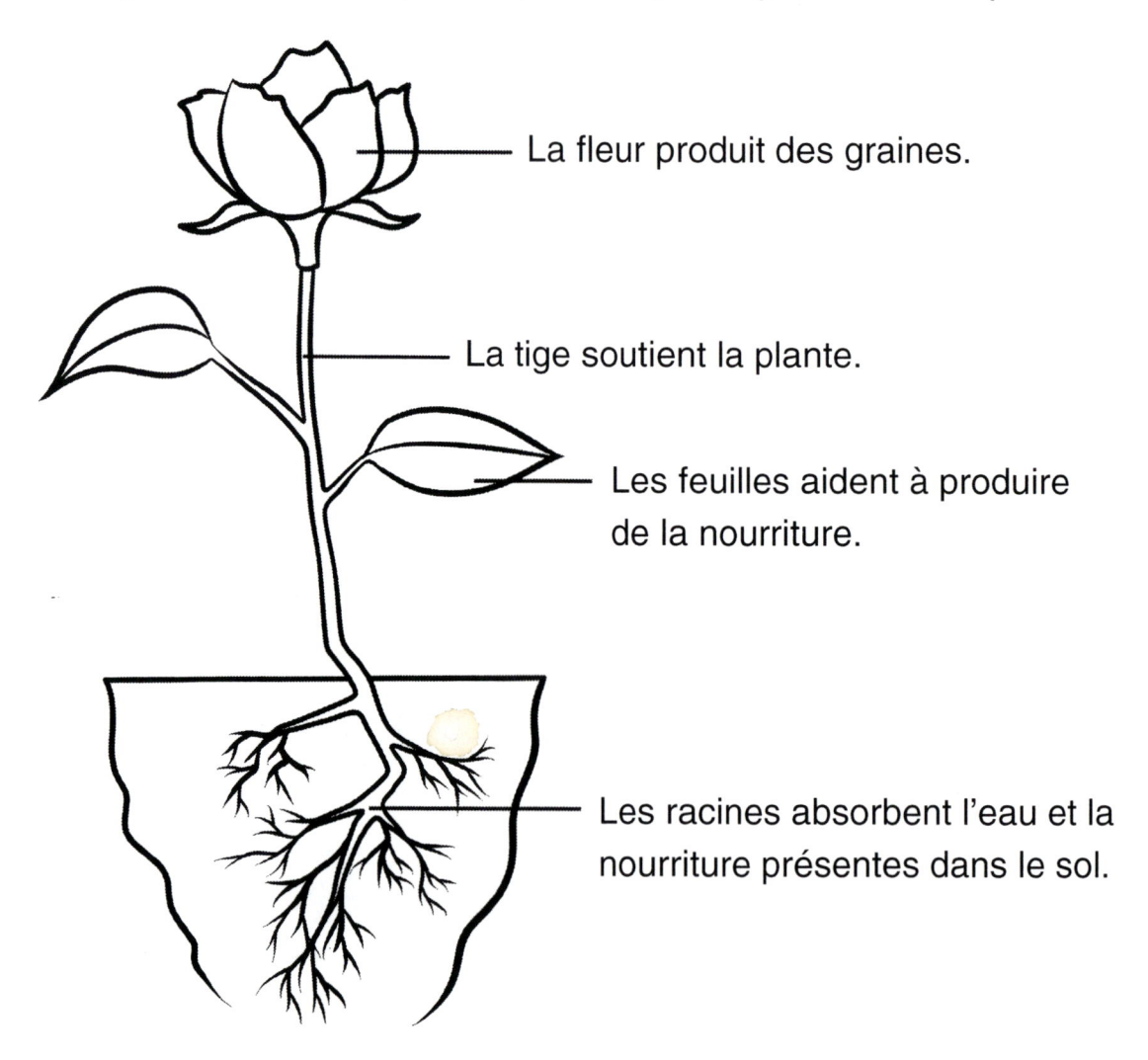

— La fleur produit des graines.

— La tige soutient la plante.

— Les feuilles aident à produire de la nourriture.

— Les racines absorbent l'eau et la nourriture présentes dans le sol.

Le savais-tu?

Les fleurs aux couleurs vives attirent les abeilles. Les abeilles aident les plantes à produire des graines.

« Les parties d'une plante » - Penses-y!

1. Remplis les étiquettes à côté de la plante.
Sers-toi des mots ci-dessous.

les feuilles   **les racines**   **la fleur**   **la tige**

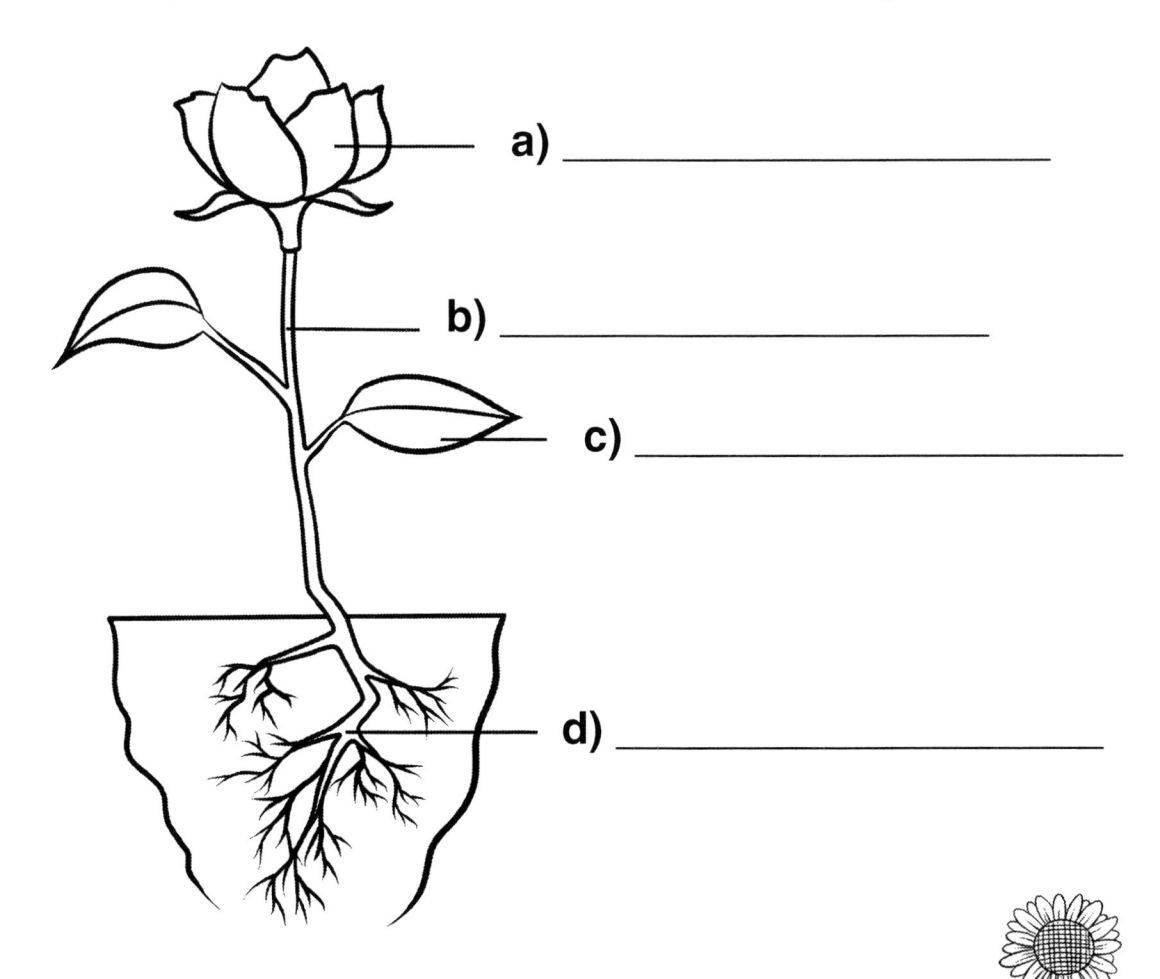

a) _____

b) _____

c) _____

d) _____

2. Les plantes sont différentes les unes des autres.

un tournesol   **une fougère**

Compare ces deux plantes :

Une ressemblance : _____

Une différence : _____

Expérience : Comment les plantes absorbent-elles de l'eau?

La tige soutient la plante.
Découvre une autre façon dont la tige aide la plante.

Tu as besoin

- d'une branche de céleri
- d'un verre
- d'eau
- d'un colorant alimentaire rouge

Marche à suivre

1. Mets de l'eau dans le verre.
2. Ajoute 10 gouttes de colorant rouge.
3. Place la branche de céleri dans l'eau.
4. Sers-toi de la branche pour remuer l'eau.
5. Attends deux heures. Demande à une ou un adulte de couper le bout de la branche qui était dans l'eau. Que vois-tu?

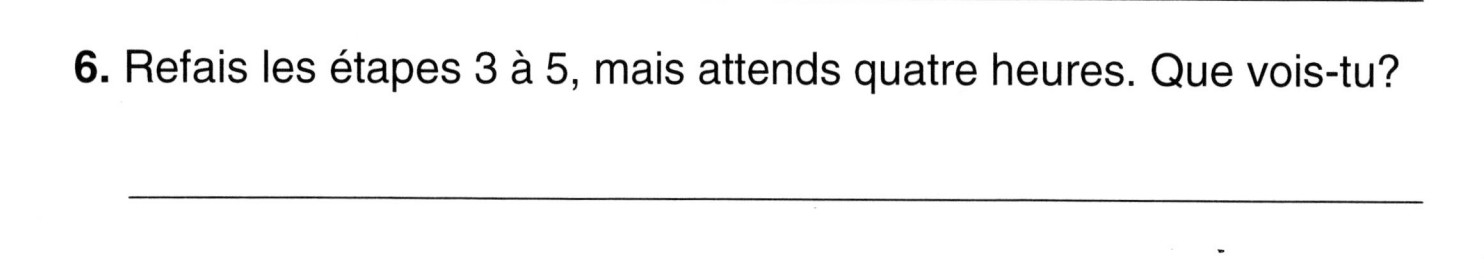

_____

_____

6. Refais les étapes 3 à 5, mais attends quatre heures. Que vois-tu?

_____

_____

7. Attends jusqu'au lendemain. Regarde la branche de céleri.

« Expérience : Comment les plantes absorbent-elles de l'eau? » - Penses-y!

1. Dessine ce que tu as observé le lendemain.
Colorie ton dessin.

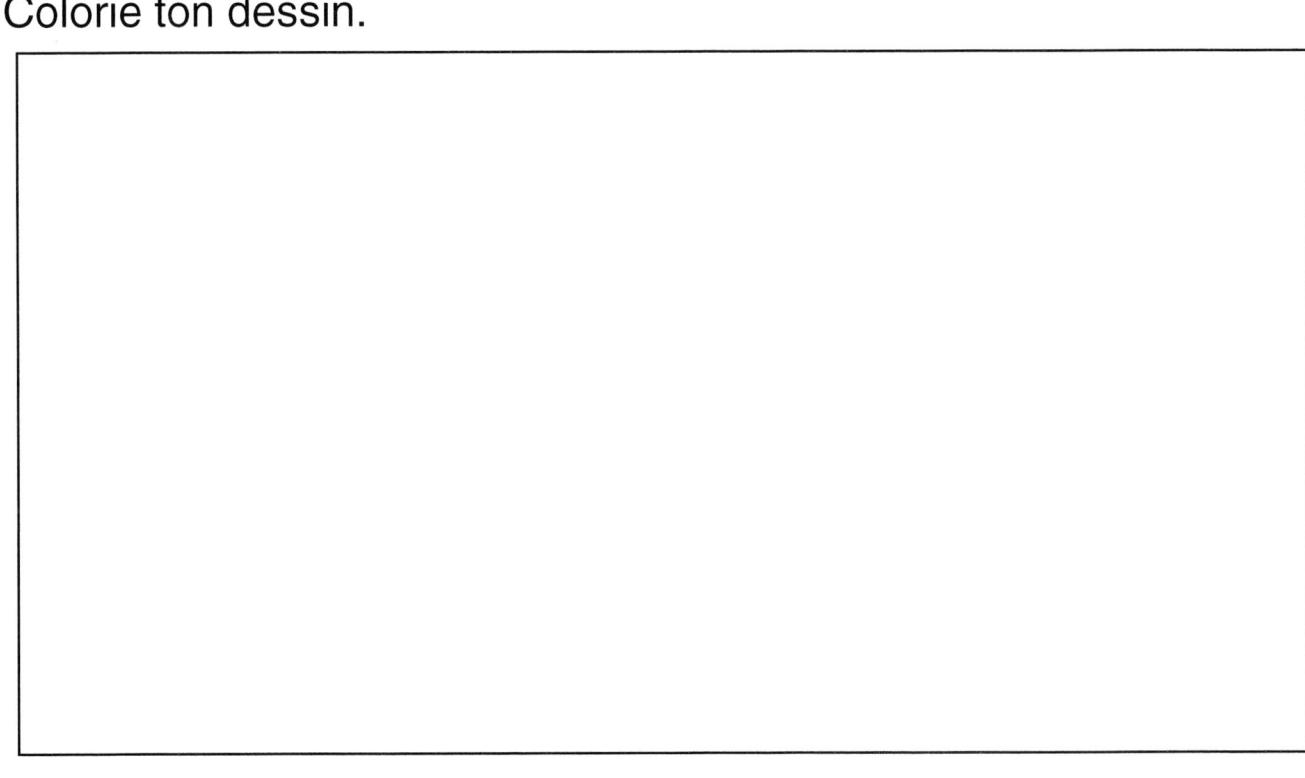

2. Qu'est-ce que cela te dit?
Que fait la tige pour aider la plante?

_____

_____

Que s'est-il produit?

- De minuscules tubes dans la tige ont fait monter l'eau dans la tige.
- Chaque tube fonctionne comme une paille.

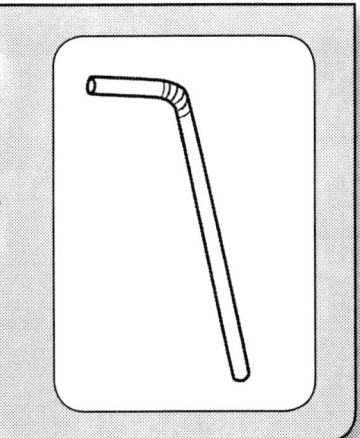

Les besoins des êtres vivants

Les êtres vivants ont besoin d'air, de nourriture et d'eau.
Les êtres vivants ont besoin d'un endroit où vivre.
Les êtres vivants ont besoin d'espace pour croître.

L'environnement des animaux et des plantes satisfait leurs besoins.
L'environnement est le lieu où les animaux et les plantes vivent.

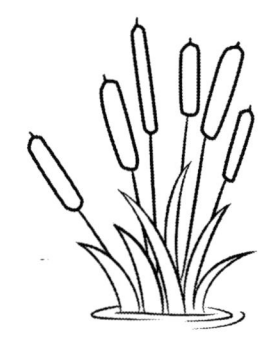

Un étang sert d'abri pour les quenouilles.

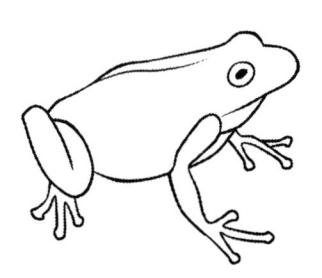

Un étang sert d'abri pour les grenouilles.

Réfléchis bien

Comment le tamia satisfait-il ses besoins?
(**Indice** : Il a besoin de nourriture, d'air et d'eau.)

_____

_____

_____

un tamia

Les animaux vivent dans des lieux différents

Trace une ligne, de chaque animal au lieu où il vit.

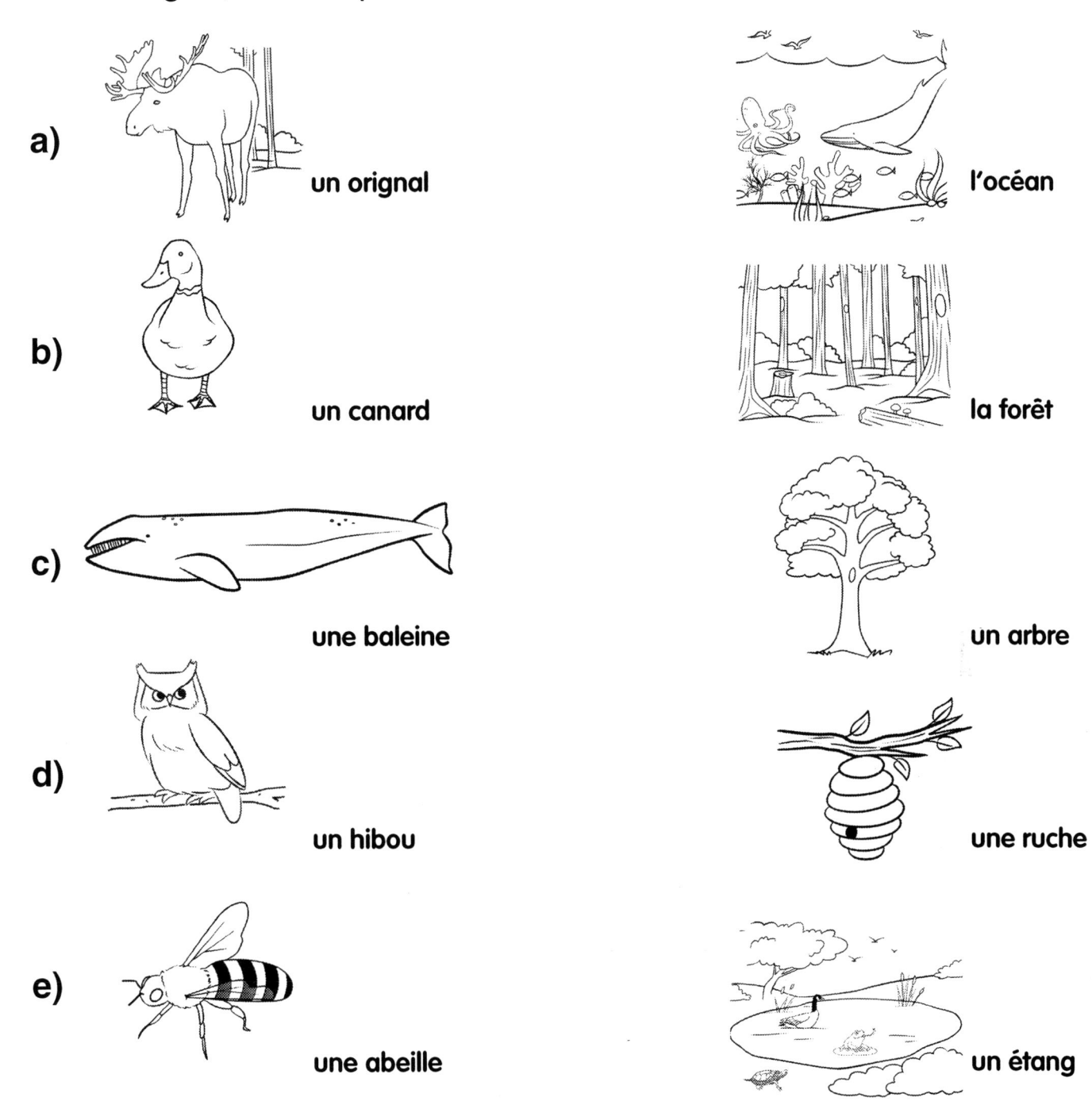

a) un orignal — l'océan

b) un canard — la forêt

c) une baleine — un arbre

d) un hibou — une ruche

e) une abeille — un étang

Un environnement sain

Les animaux et les plantes ont besoin d'un environnement sain.

Les besoins principaux des animaux	Les besoins principaux des plantes
• de l'air pur • de l'eau propre • de la nourriture saine • un abri • de l'espace pour croître	• de l'air pur • de l'eau propre • du soleil • des éléments nutritifs dans le sol • de l'espace pour croître

Penses-y!

Dessine un animal, puis colorie-le. Montre où il vit. Indique avec des étiquettes les choses dont il a besoin pour vivre.

Les humains ont des effets sur les autres êtres vivants

À faire	À ne pas faire
• Mettre ses ordures dans une poubelle 	• Jeter ses ordures dans l'eau que des êtres vivants boivent et où ils vivent 
• Dans un parc, marcher sur les sentiers et regarder les fleurs sauvages 	• Marcher sur les plantes ou cueillir des fleurs sauvages 

« Les humains ont des effets sur les autres êtres vivants » - Penses-y!

1. Cette image montre de l'eau polluée. Comment la pollution peut-elle nuire aux poissons qui vivent dans l'eau?

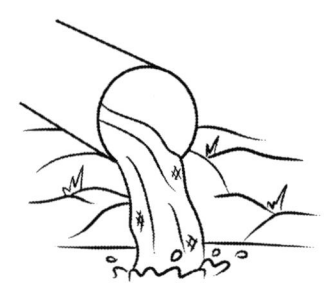

   _____

2. Dessine une façon de protéger l'environnement.

3. Écris une phrase au sujet de ton dessin.

   _____

S'occuper des êtres vivants

1. Fais un dessin qui montre comment s'occuper d'un animal domestique.

Je m'occupe de mon animal en

_____.

2. Fais un dessin qui montre comment s'occuper d'une plante.

Je m'occupe de ma plante en

_____.

Ce que j'ai appris au sujet des êtres vivants

1. Complète les phrases avec les mots ci-dessous.

   air   environnement   plantes   tige   eau

   a) Les animaux et les _____ sont des êtres vivants.

   b) Tous les êtres vivants ont besoin d' _____ et d' _____.

   c) L'eau absorbée par une plante monte dans sa _____.

   d) L' _____ des êtres vivants satisfait leurs besoins.

2. Dessine la partie de ton corps que tu utilises pour chacune des actions ci-dessous.

   a) Je sens l'odeur de la pizza.

   b) Je regarde les étoiles.

   c) J'écoute le chant d'un oiseau.

Qu'est-ce que l'énergie?

L'énergie est la source de ce qui se passe autour de toi.

L'énergie nous fait bouger.
L'énergie fait fonctionner les choses.

Tu as besoin d'énergie pour courir.

Un jeu vidéo a besoin d'énergie pour fonctionner.

L'énergie permet à tous les êtres vivants de croître.

Réfléchis bien

Comment obtiens-tu l'énergie dont tu as besoin pour grandir?

« Qu'est-ce que l'énergie? » - Penses-y!

Complète les phrases en te servant des mots ci-dessous.

énergie   sauter   produire

1. Tu as besoin d'énergie pour _____.

2. Une plante a besoin d' _____ pour croître.

3. Une ampoule a besoin d'énergie pour _____ de la lumière.

4. Regarde les images ci-dessous.
   Encercle les activités qui nécessitent beaucoup d'énergie.

A.

B.

C.

D.

E.

F.

D'où provient l'énergie?

Il y a plusieurs sources d'énergie.
Une source est ce qui produit quelque chose.

| le Soleil | l'essence | l'électricité |

| le vent | une pile | les aliments |

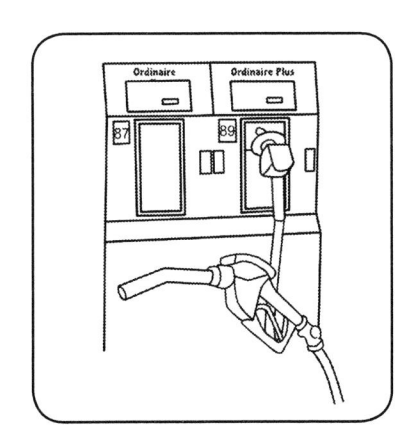

Penses-y!

1. Colorie chaque source d'énergie que tu utilises.

2. Dis à ton partenaire comment tu utilises chaque source d'énergie.

Nous obtenons de l'énergie du Soleil

Le Soleil est la principale source d'énergie pour tous les êtres vivants.

Le Soleil réchauffe l'air.
Le Soleil réchauffe le sol et l'eau.

Le Soleil nous fournit de la lumière.
Le Soleil nous aide à faire pousser de la nourriture.

Penses-y!

Dessine trois choses que le Soleil fait.

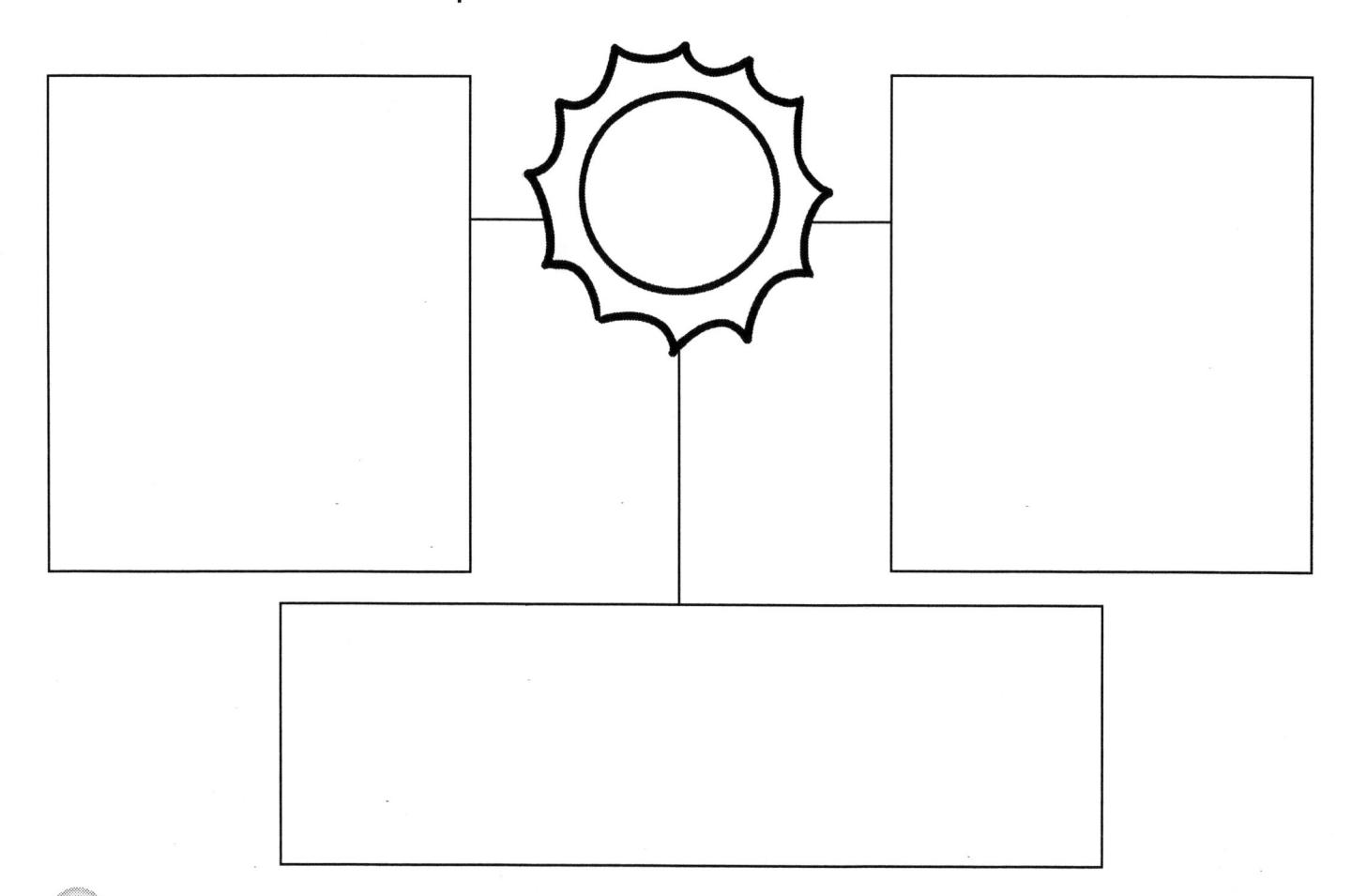

Expérience : Quel effet la lumière solaire a-t-elle sur l'eau ?

Pour le savoir, fais cette expérience.

Tu as besoin

- de 2 gobelets en plastique contenant la même quantité d'eau
- d'un thermomètre

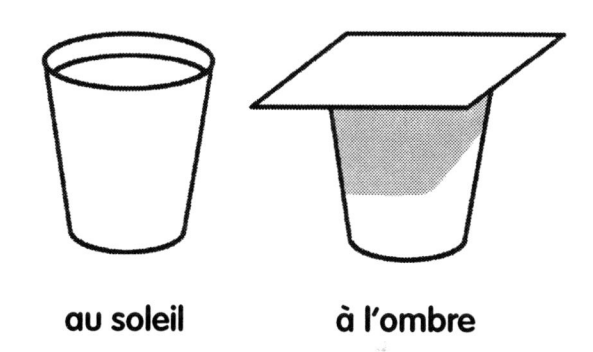

au soleil   **à l'ombre**

Marche à suivre

1. Demande à une ou un adulte de t'aider à prendre la température de l'eau dans les deux gobelets. La température devrait être la même dans les deux gobelets.

2. Place un gobelet au soleil.

3. Place l'autre gobelet dans l'ombre.

4. Prédis ce qui arrivera à la température de l'eau dans chaque gobelet.

5. Attends deux heures. Puis prends de nouveau la température de l'eau.

« Expérience : Quel effet la lumière solaire a-t-elle sur l'eau? » - Penses-y!

1. À ton avis, que va-t-il arriver?

_____

2. Note les résultats dans le tableau ci-dessous.

Température au départ		Température après deux heures	
Au soleil	À l'ombre	Au soleil	À l'ombre

3. Que révèlent les résultats au sujet de la lumière solaire?

_____

4. Complète les phrases avec les mots ci-dessous.

frais   chaud

a) Il fait _____ au soleil.

b) Il fait _____ dans l'ombre.

Expérience : Quel effet la lumière solaire a-t-elle sur les plantes ?

Le Soleil fournit de la lumière.
Découvre l'effet que la lumière solaire a sur les plantes.

au soleil   à l'ombre

Tu as besoin

- de 2 plantes
- d'eau

Marche à suivre

1. Place une plante près d'une fenêtre.
   Cette plante sera au soleil.

2. Place l'autre plante dans un endroit sombre.

3. Arrose les deux plantes une fois par semaine.

4. Prédis ce qui va arriver aux plantes.

5. Compare les plantes chaque semaine.

6. Fais cela pendant trois semaines.

« **Expérience : Quel effet la lumière solaire a-t-elle sur les plantes?** » - Penses-y!

1. À ton avis, que va-t-il arriver?

_____

2. Dessine chaque plante après trois semaines.

Au soleil	**À l'ombre**

3. Compare tes dessins.

Qu'est-il arrivé à la plante qui n'était pas au soleil?

_____

_____

4. Qu'as-tu appris? Complète la phrase.

Les plantes ont besoin de _____ pour vivre et croître.

Nous obtenons de l'énergie des aliments

Nous avons besoin d'énergie pour faire des choses.
Nous utilisons de l'énergie pour marcher.
Nous utilisons même de l'énergie pour dormir.

Tous les êtres vivants ont besoin d'énergie pour croître.
Nous obtenons de l'énergie des aliments.

Regarde les images ci-dessous.
Elles montrent la chaîne énergétique.
Trace le parcours de l'énergie à partir du Soleil.

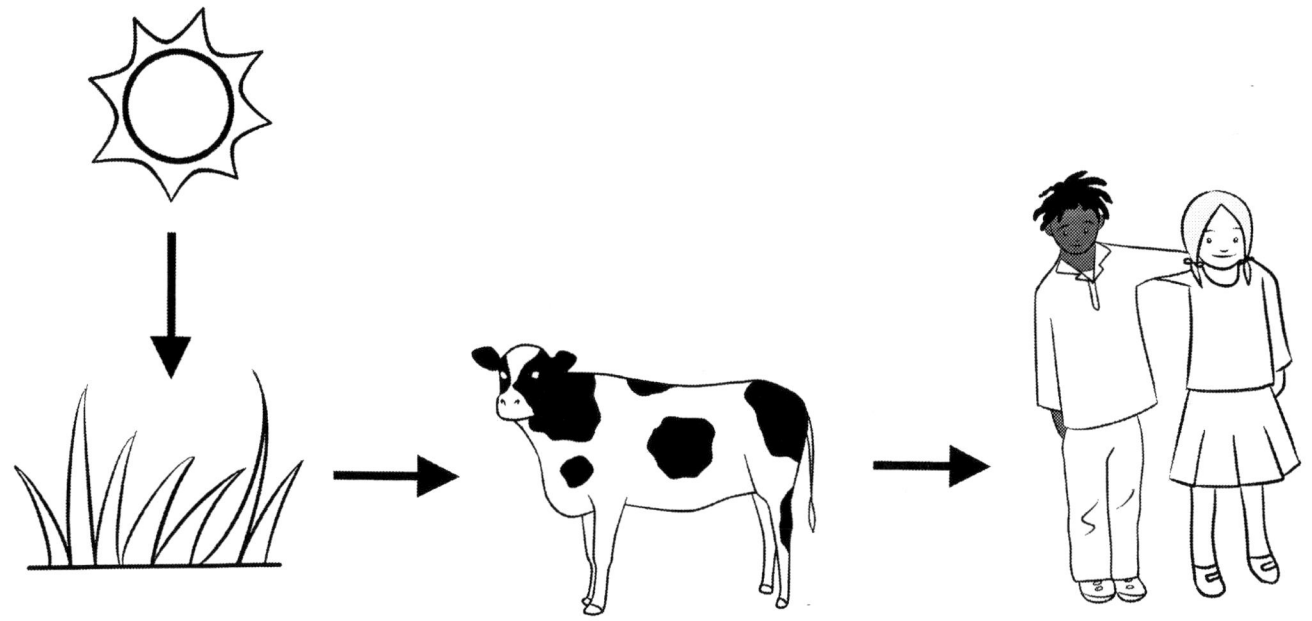

Les plantes obtiennent de l'énergie du Soleil pour croître.

Les animaux mangent des plantes pour obtenir de l'énergie.

Nous mangeons des plantes et des animaux pour obtenir de l'énergie.

« Nous obtenons de l'énergie des aliments » - Penses-y!

1. Remplis les étiquettes du schéma.

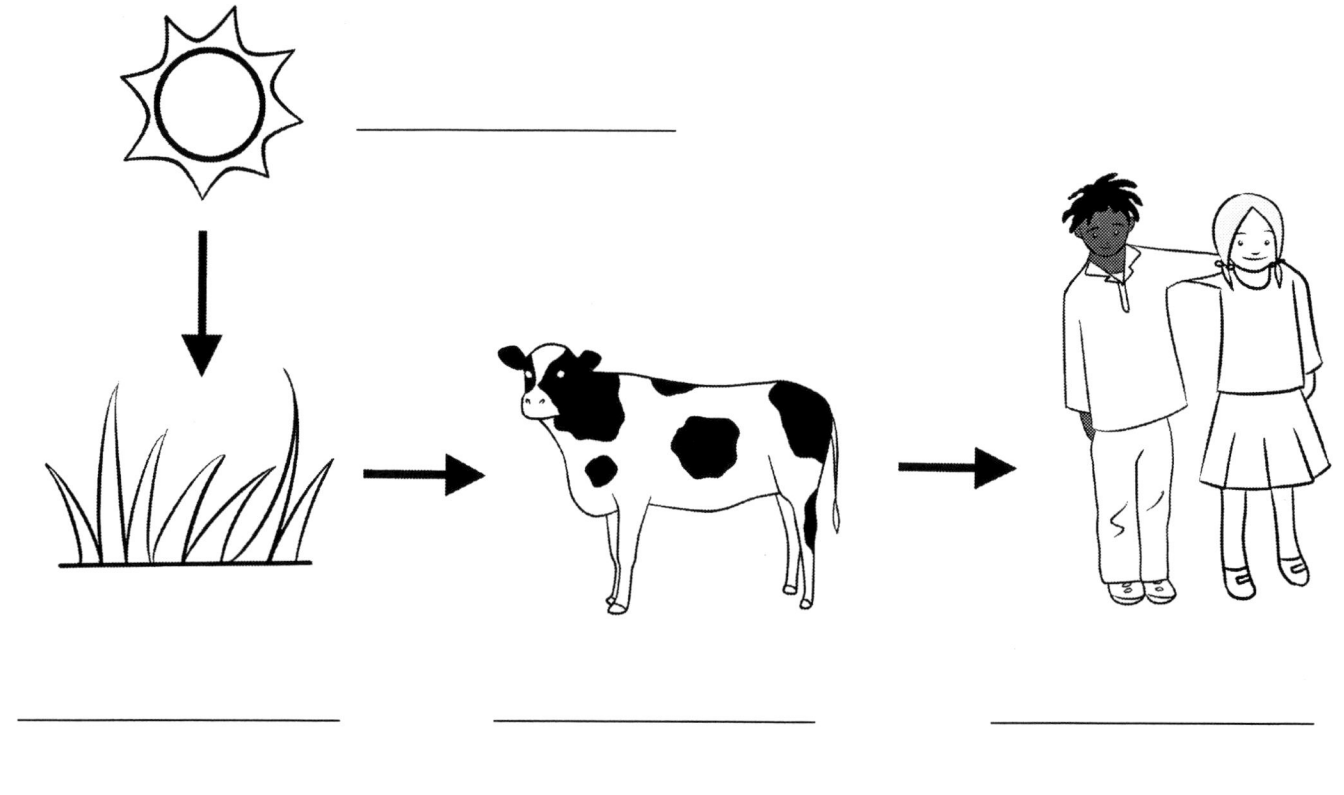

_____

_____   _____   _____

_____   _____   _____

2. Complète les phrases en te servant des mots ci-dessous.

énergie   animaux   plantes   Soleil

a) Les plantes obtiennent de l'énergie du _____.

b) Certains animaux mangent des plantes pour obtenir

de l' _____.

c) Les humains mangent des _____ et des

_____ pour obtenir de l'énergie.

L'énergie au travail

Vois comment l'énergie fait fonctionner les choses.

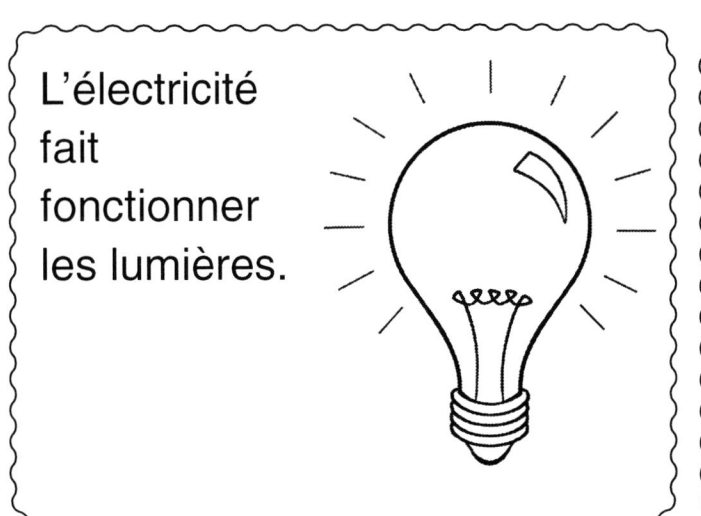

L'électricité fait fonctionner les lumières.

Le bois, le pétrole et le gaz naturel réchauffent nos maisons.

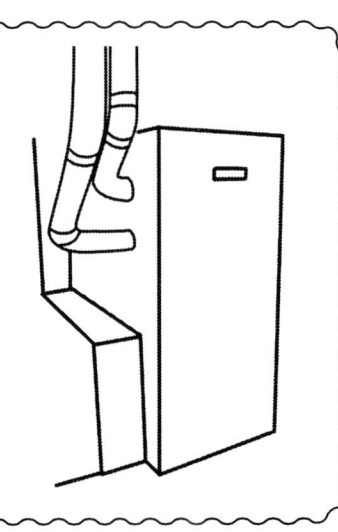

L'essence fait fonctionner les voitures et les autobus.

Les piles font marcher des dispositifs comme les lampes de poche.

Réfléchis bien

une pile

Nomme deux objets qui fonctionnent avec des piles.

_____ _____

« L'énergie au travail » - Penses-y!

Écris la source d'énergie de chaque objet.
Sers-toi des mots ci-dessous.

une pile	l'électricité	l'essence
le Soleil	le vent	le bois

a) _____

b) _____

c) _____

d) _____

e) _____

f) _____

Activité : Jeu d'association sur l'énergie

Trace une ligne, de la source d'énergie à la façon dont elle est utilisée. Écris le type d'énergie créé par la source. Sers-toi des mots ci-dessous.

chaleur   lumière   son   mouvement

a) du bois — un cerf-volant _____

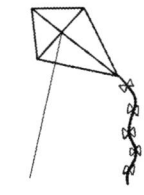

b) une prise de courant — un feu de camp _____

c) une pile — une lampe _____

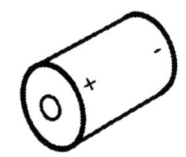

d) le vent — une radio _____

Activité : Fabrique un cerf-volant

Un cerf-volant utilise l'énergie procurée par le vent. Fabrique un cerf-volant avec ton partenaire.

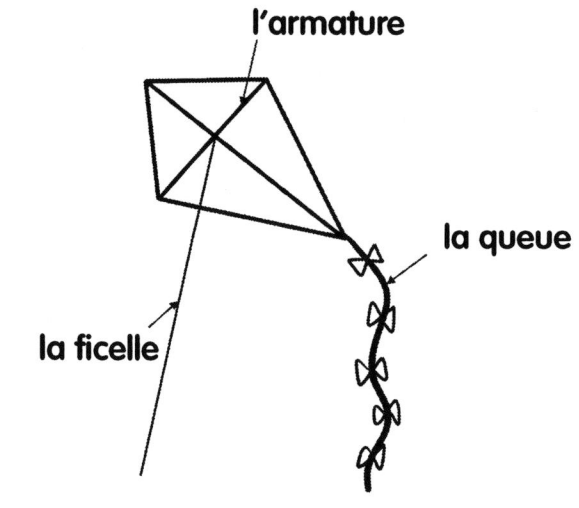

Tu as besoin

- de 2 tiges de bois (1 longue, 1 courte)
- de ruban adhésif en toile
- de ciseaux
- d'un sac de papier brun
- d'une bobine de ficelle
- de décorations

Marche à suivre

1. Forme une croix avec les tiges de bois. Joins les tiges l'une à l'autre avec un bout de ficelle. Tu as fabriqué ton armature.

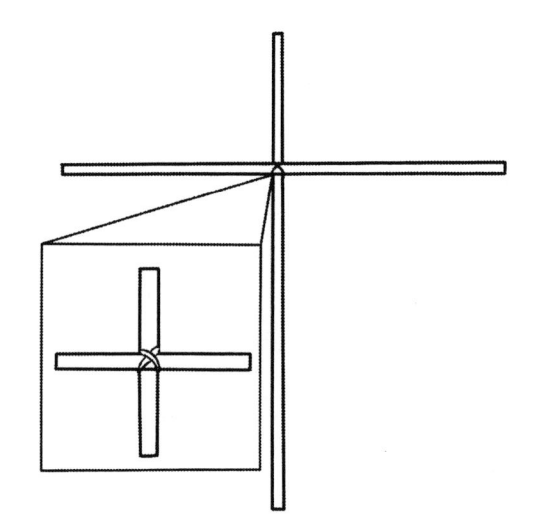

2. Place ton armature sur le papier brun.
3. Sur le papier, dessine une forme qui dépasse l'armature d'environ 3 cm de tous les côtés.
4. Découpe la forme. Elle devrait avoir l'air d'un losange.

5. Replie les 3 cm de papier qui dépassent de chaque côté.

6. Maintiens la partie pliée en place au moyen du ruban adhésif. Tu auras ainsi quatre bords épais.

7. Fixe le papier à l'armature avec le ruban adhésif.

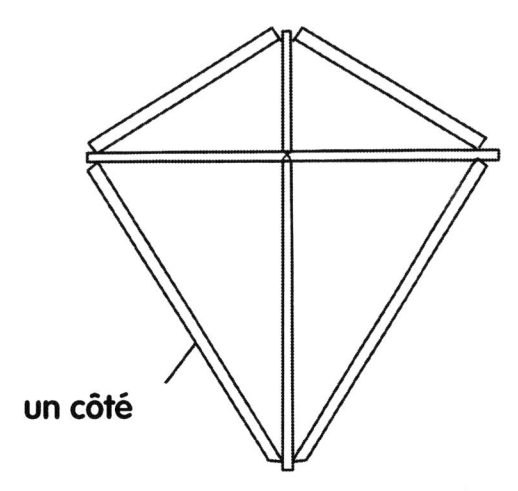

un côté

8. Attache une extrémité de la ficelle qui est sur la bobine à ton armature, là où les tiges se croisent.

9. Décore ton cerf-volant.

10. Fais-le voler par une journée venteuse.

Réfléchis bien

Trouve la réponse à cette devinette.

Je suis un type de ballon.
J'ai un grand panier pour transporter des gens.
J'ai besoin du vent pour me déplacer.
Que suis-je?

Activité : L'énergie provenant des aliments

Crée un collage d'aliments sains.

Découpe des images dans des magazines et colle-les ci-dessous.

Se servir de l'énergie pour rester au chaud et au frais

Pour rester au chaud	Pour rester au frais
• Porte un chandail. • Mets le chauffage. • Ouvre les rideaux pour faire entrer le soleil.	• Reste à l'ombre ou utilise un ventilateur. • Va dans des endroits climatisés. • Ferme les rideaux pour bloquer les rayons du soleil.

Penses-y!

Fais un dessin pour montrer comment tu fais ceci.

Je reste au chaud en hiver.

Je reste au frais en été.

Comment économiser l'énergie

Voici des façons d'économiser l'énergie.

- Ferme les lumières quand tu quittes une pièce.

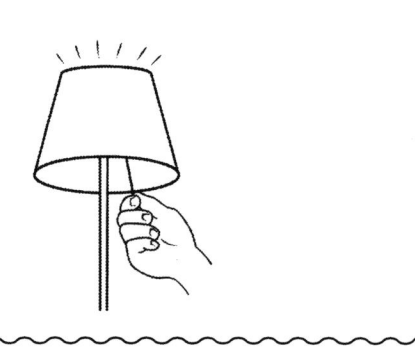

- Ne laisse pas la porte du réfrigérateur ouverte.

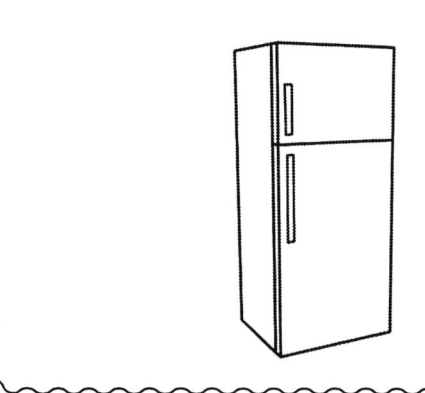

- Suspends tes vêtements dehors plutôt que d'utiliser la sécheuse.

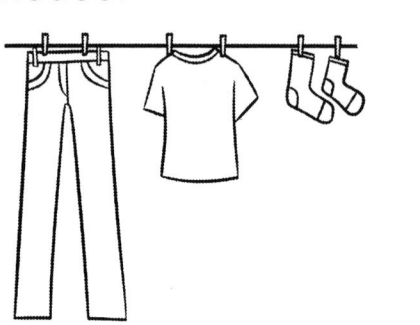

- Va à l'école à pied plutôt qu'en voiture.

Crée une affiche qui donne des conseils sur les façons d'économiser l'énergie. Sers-toi d'une autre feuille de papier.

« Comment économiser l'énergie » - Penses-y!

1. Écris **É** si l'action économise l'énergie.
   Écris **G** si l'action gaspille l'énergie.

   a) Fermer la télévision quand personne ne la regarde. _____

   b) Mettre le lave-vaisselle en marche seulement quand il est plein. _____

   c) Utiliser la laveuse pour laver ton pyjama seulement. _____

   d) Ouvrir les rideaux par une journée chaude. _____

   e) Laisser la porte du réfrigérateur ouverte pendant que tu choisis ce que tu veux manger. _____

2. Fais un dessin avec étiquette d'un objet qui utilise beaucoup d'énergie chez toi. Écris une phrase qui explique comment tu pourrais moins utiliser cet objet.

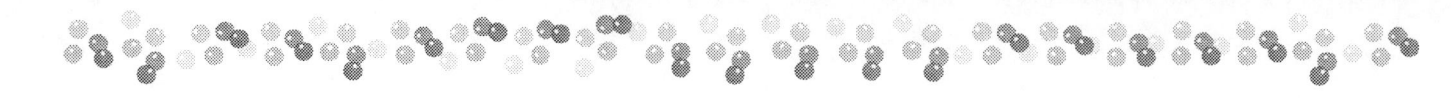

Que ferais-tu?

Que ferais-tu s'il y avait une panne de courant chez toi?

Je ferais la cuisson sur un réchaud de camping.

a) À quoi jouerais-tu plutôt qu'à un jeu vidéo?
   Montre-le dans un dessin.

b) Qu'utiliserais-tu comme lumière au lieu d'une lampe?
   Montre-le dans un dessin.

Ce que j'ai appris au sujet de l'énergie

1. Complète les phrases avec les mots ci-dessous.

électricité　　**énergie**　　**économiser**　　**Soleil**

a) La chaîne énergétique part du _____.

b) Les humains obtiennent de l' _____ des aliments.

c) Mon ordinateur fonctionne à l' _____.

d) Fermer les lumières aide à _____ l'énergie.

2. Dessine trois objets qui utilisent de l'énergie chez toi. Écris la source d'énergie pour chacun.

3. Écris une chose que tu pourrais faire pour économiser l'énergie.

_____

Les objets sont faits de matériaux

Les objets sont des choses que nous utilisons.

Les objets sont faits d'un ou de plusieurs matériaux.

le tissu	le caoutchouc
l'acier	le papier
le plastique	le bois

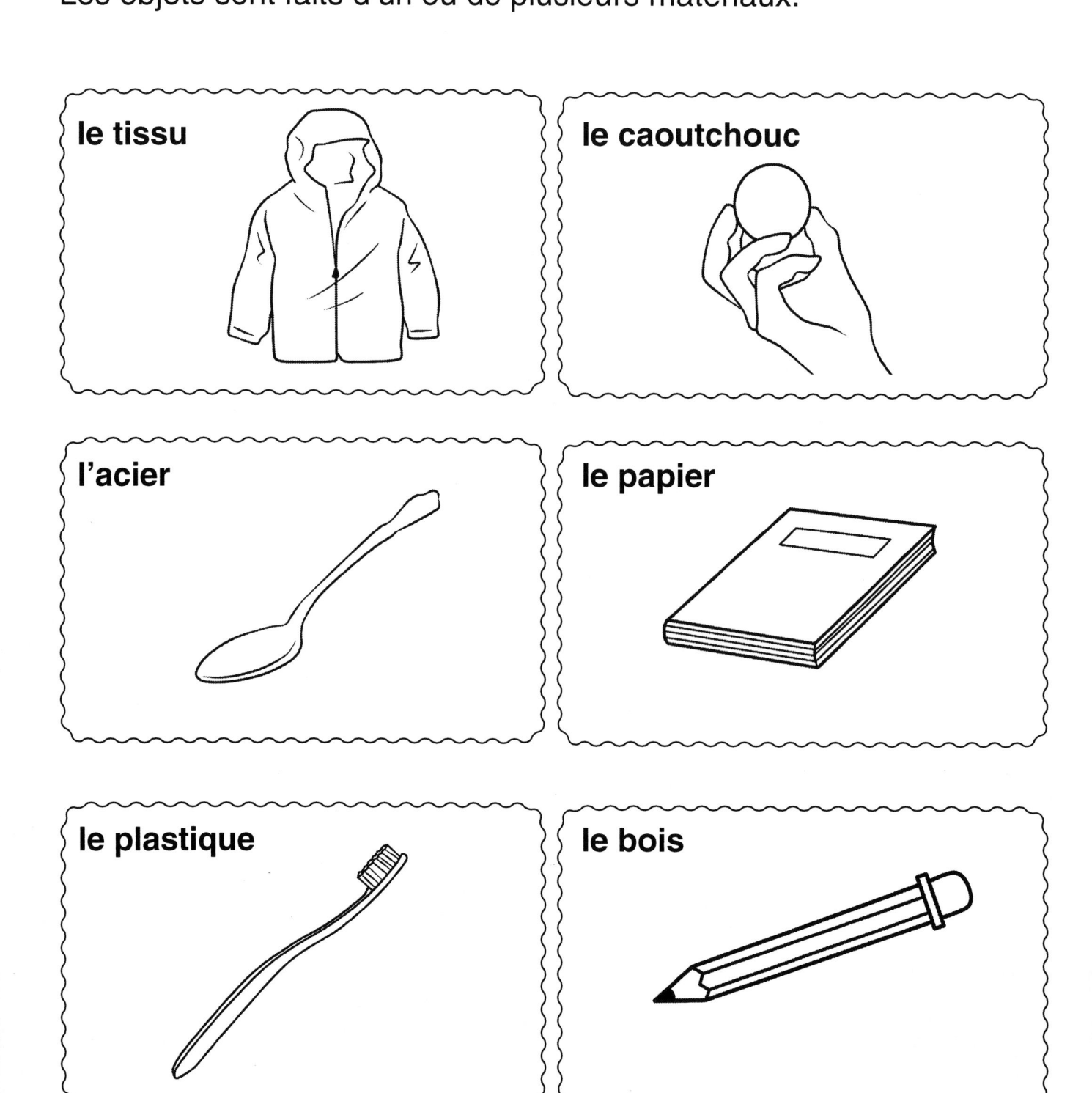

« Les objets sont faits de matériaux » - Penses-y!

1. Cherche des images d'objets dans des magazines.
   Trouve des objets faits des matériaux ci-dessous.
   Découpe et colle un objet pour chaque matériau.

   a) le tissu

   b) le papier

   c) le plastique

   d) le caoutchouc

   e) l'acier

   f) le bois

2. Écris une phrase au sujet des matériaux.

   _____

Activité : Trouve des objets

Les objets sont faits d'au moins un matériau.
Trouve des objets dans ta classe.

Fais un dessin avec étiquette d'un objet dans ta classe qui est fait de chaque matériau.

a) le tissu

b) le plastique

c) l'acier

d) le bois

Les structures sont faites de matériaux

Une structure est un objet qui a une fonction.
Les structures sont faites de divers matériaux.

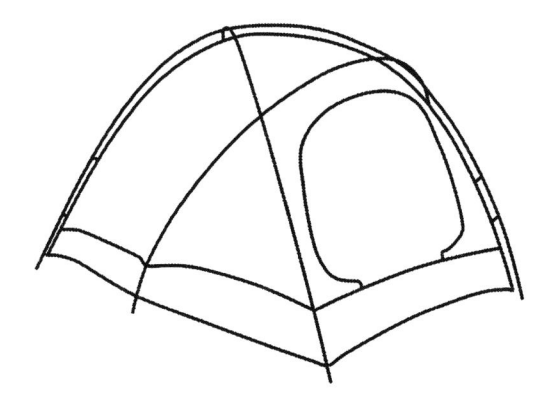

La tente est faite de nylon.
Les mâts sont faits de métal.
Les mâts soutiennent la tente.

La tente est une structure. Sa fonction est d'abriter les personnes qui font du camping.

« Les structures sont faites de matériaux » - Penses-y!

1. Encercle la structure fabriquée par les humains.
Fais un carré autour de la structure fabriquée dans la nature.

une toile

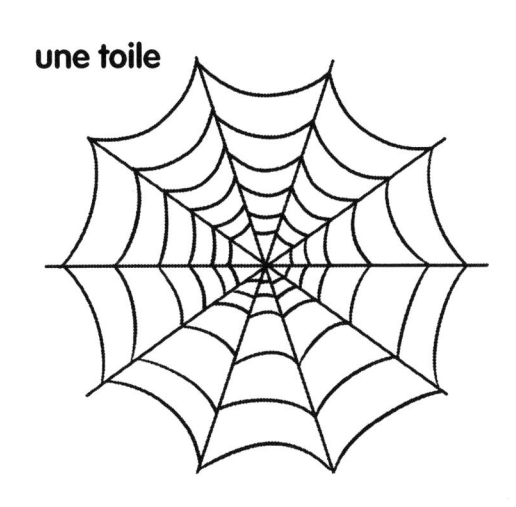

un pont

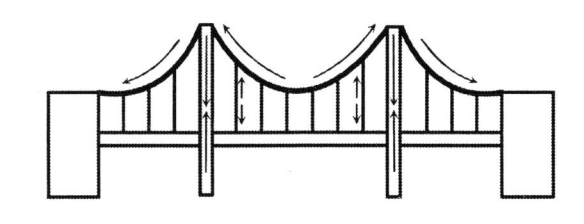

« Les structures sont faites de matériaux » - Penses-y!

2. Un vélo est-il une structure?   **Oui**   **Non**

Comment le sais-tu?

_____

3. Dessine chaque structure.

Indique les matériaux utilisés dans sa fabrication.

a) Cette structure est dans un parc. Tu peux glisser dessus.

_____

b) Cette structure s'ouvre. Elle te tient au sec quand il pleut.

Les matériaux naturels

On peut trouver des matériaux dans la nature.

Le caoutchouc provient de la sève de l'arbre à caoutchouc.

Le bois provient des arbres. Parfois, on fait des planches avec le bois. Parfois, on fait du papier.

Les matériaux fabriqués par les gens

Des matériaux, comme le tissu, sont fabriqués par les gens. On les appelle « produits manufacturés ».

Un petit seau est fait de plastique.

Le papier hygiénique est fait de minuscules copeaux de bois mélangés à de l'eau.

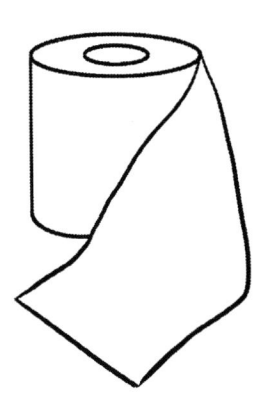

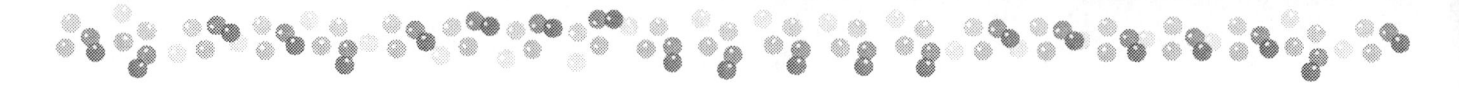

« Les matériaux naturels » - Penses-y!

Écris les matériaux ci-dessous dans le tableau, dans la bonne catégorie.

tissu   laine   plastique   sève   acier   bois

Matériaux naturels	Matériaux fabriqués par les gens
_____	_____
_____	_____
_____	_____

Le savais-tu?

Certains métaux sont naturels.
On les trouve dans de la roche.
Les métaux comme l'acier sont fabriqués par des gens.
Écris le nom de deux objets faits d'acier.

une pièce de 1 $

_____   _____

D'où proviennent les matériaux?

Tous les matériaux fabriqués par les gens proviennent de choses naturelles.

Le papier est fabriqué à partir du bois.

Le caoutchouc est fabriqué à partir de la sève d'un arbre.

Le plastique est fabriqué à partir de pétrole.

L'acier est fait de métaux et de minéraux trouvés dans la roche.

Le tissu est fabriqué à partir de matériaux naturels.

Le coton vient du cotonnier.

La laine vient des moutons.

Penses-y!

Trace une ligne, de chaque matériau à sa source.

la laine

le papier

le caoutchouc

l'acier

le tissu

de la sève

du coton

de la roche

d'un arbre

d'un mouton

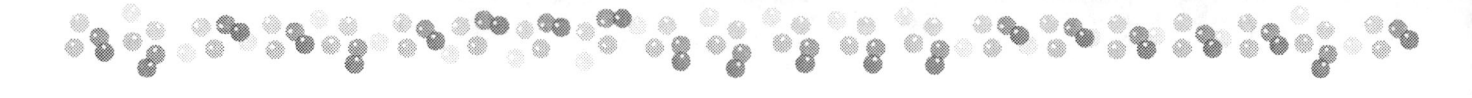

Activité : Décris des objets

Choisis un objet. Sers-toi de tes sens pour le décrire. Parle de ton objet à ton partenaire.

Objet	Son apparence	Sa texture	De quoi il est fait

Ce réveille-matin est fait de plastique dur et lisse. Il me réveille le matin.

Ce sac est fait de plastique mince et souple. C'est pourquoi il est facile à utiliser et à ranger.

Le savais-tu?

Il y a plusieurs types de plastiques. Certains plastiques sont rigides. Ils sont difficiles à plier. D'autres plastiques sont souples. Ils sont faciles à plier.

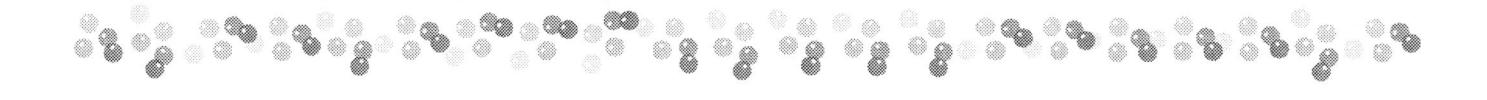

« Activité : Décris des objets » - Penses-y!

Découpe les étiquettes-mots ci-dessous.

Lis-les avec ton partenaire.

Cherche un objet dans la classe qui convient à chaque description.

Écris le nom de l'objet et de quoi il est fait.

lisse
_____
_____

rugueux
_____
_____

luisant
_____
_____

terne
_____
_____

rigide
_____
_____

souple
_____
_____

mou
_____
_____

dur
_____
_____

Encore des objets et des matériaux

Il est important de choisir les bons matériaux quand on fabrique un objet. L'objet peut ainsi remplir sa fonction.

Le papier abrasif est fait de papier sur lequel on a collé du sable.
Le papier abrasif est rugueux et bosselé.
On l'utilise pour rendre lisses les parties rugueuses du bois.

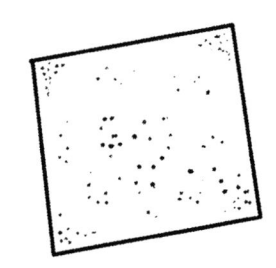

Les ciseaux sont faits de plastique et d'acier.
L'acier est aiguisé pour qu'on puisse couper du papier.
Les poignées recouvertes de plastique sont faciles à tenir.

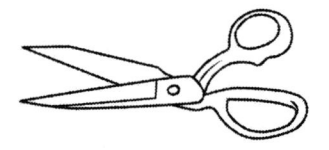

Penses-y!

Tu portes différents types de chaussures. Donne un matériau utilisé dans la fabrication de chaque type de chaussure. Explique tes réponses à ton partenaire.

des bottes

_____

des patins

_____

des pantoufles

_____

Activité : Des chaises faites de divers matériaux

Les chaises peuvent être faites avec divers matériaux.

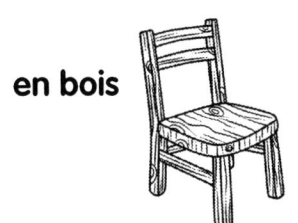

en bois   en plastique   en tissu

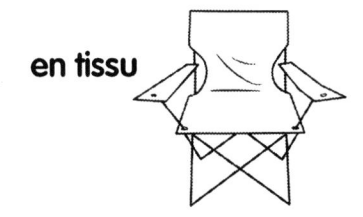

Écris ce que tu sais au sujet de chaque type de chaise.
Nous avons rempli la première rangée pour toi.

Les matériaux dont est faite la chaise	La source des matériaux	Ce que je sais des matériaux
a) De bois	des arbres	• dure longtemps • est solide • est confortable
b) Un siège en plastique et des pattes de métal		
c) Un siège en tissu et des pattes de métal		

Les attaches

Les attaches sont des objets qui servent à joindre d'autres objets. Il y a divers types d'attaches.

Une fermeture éclair joint deux parties d'un vêtement.

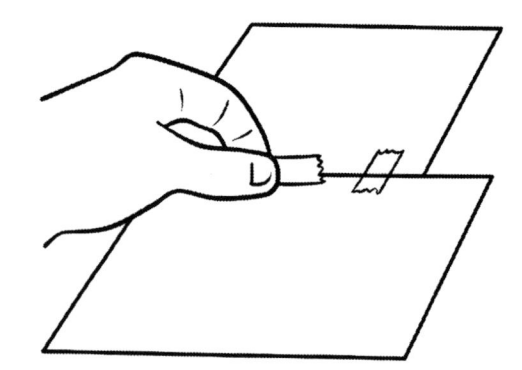

Le ruban adhésif et la colle joignent des morceaux de papier.

Un clou joint deux morceaux de bois.

« Les attaches » - Penses-y!

Dessine des façons d'utiliser les attaches ci-dessous.

a) de la colle

b) une agrafe

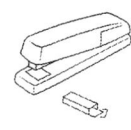

c) du fil

d) un bouton

e) une vis

f) une punaise

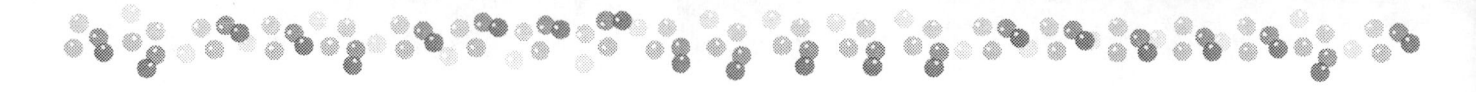

Expérience : L'eau stoppée

Certains matériaux ne laissent pas passer l'eau ou ne l'absorbent pas. On dit qu'ils sont hydrofuges ou imperméables.

Tente cette expérience pour découvrir les matériaux qui ne laissent pas pénétrer l'eau.

Tu as besoin

- de pellicule plastique, d'un ballon à gonfler, de tissu de coton, de papier journal et de papier d'aluminium
- d'un essuie-tout coupé en 5 petits morceaux   • d'eau
- de 5 assiettes en aluminium   • d'une cuillère à mesurer de 5 ml

Marche à suivre

1. Quels matériaux vont stopper l'eau? Note tes prédictions.
2. Place un morceau d'essuie-tout dans chaque assiette en aluminium.
3. Pose un matériau sur chaque morceau d'essuie-tout. Assure-toi que le morceau d'essuie-tout est entièrement recouvert!
4. Demande à une ou un adulte de verser de 5 à 10 ml d'eau sur chaque matériau. Attends 2 minutes.
5. Demande à l'adulte d'enlever le matériau de chaque assiette sans renverser d'eau sur le morceau d'essuie-tout.
6. Vérifie les morceaux d'essuie-tout.
7. Note tes résultats.

« Expérience : L'eau stoppée » - Penses-y!

1. Note tes prédictions. Puis note tes résultats.

Le matériau	Ma prédiction : Va-t-il laisser passer l'eau?		Les résultats : Laisse-t-il passer l'eau?	
	OUI	NON	OUI	NON
Pellicule plastique				
Ballon				
Tissu de coton				
Papier journal				
Papier d'aluminium				

2. Que te disent les résultats?

_____

3. Des bottes en caoutchouc gardent tes pieds au sec. Pourquoi les bottes sont-elles imperméables?

_____

_____

des bottes en caoutchouc

Expérience : L'eau absorbée

Certains matériaux absorbent l'eau.
Tente cette expérience pour découvrir les matériaux qui absorbent l'eau.

Tu as besoin

- de pellicule plastique, d'une éponge, d'une barquette en polystyrène, de papier journal et d'un tissu de coton
- de 5 assiettes en aluminium
- d'une cuillère à mesurer de 5 ml
- d'eau

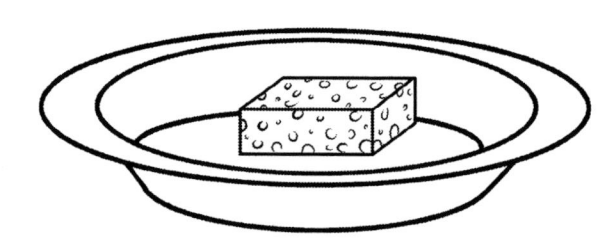

Marche à suivre

1. Quels matériaux vont absorber l'eau? Note tes prédictions.
2. Place chaque matériau dans une assiette.
3. Demande à une ou un adulte de verser de 5 à 10 ml d'eau sur chaque matériau. Attends 2 minutes.
4. Vérifie les matériaux.
5. Note tes résultats.

« Expérience : L'eau absorbée » - Penses-y!

1. Note tes prédictions. Puis note tes résultats.

Le matériau	Ma prédiction : Va-t-il absorber l'eau?		Les résultats : Absorbe-t-il l'eau?	
	OUI	NON	OUI	NON
Pellicule plastique				
Éponge				
Barquette de polystyrène				
Papier journal				
Tissu de coton				

2. Que te disent les résultats?

_____

3. Encercle les objets qui absorbent le mieux l'eau, à ton avis.

le bois   un essuie-tout 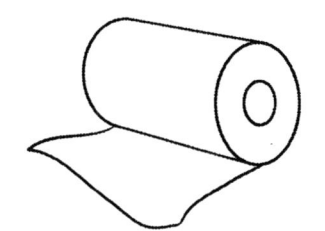   une poêle en acier

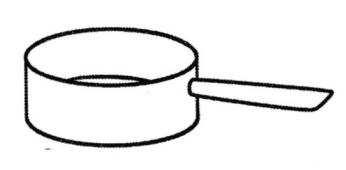

Activité : Comment réduire les déchets

Que peut-on faire avec des objets qui ne servent plus?
Que peut-on faire avec une vieille chaise?

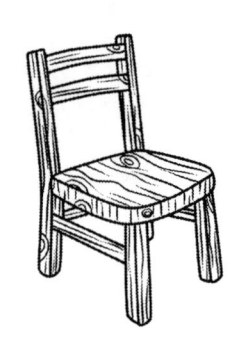

- On peut utiliser le bois pour faire une petite table.
- On peut donner la chaise à quelqu'un d'autre.
- On peut se servir de la chaise d'une autre façon.

1. On peut réutiliser les matériaux dont est faite la chaise. Dessine une différente façon de les utiliser.

2. Écris une phrase sur la façon d'utiliser le nouvel objet.

Activité : Construis une structure

Construis une structure en te servant de matériaux recyclés.

Voici quelques idées :

- une mangeoire
- une tente pour ton animal domestique
- un instrument de musique

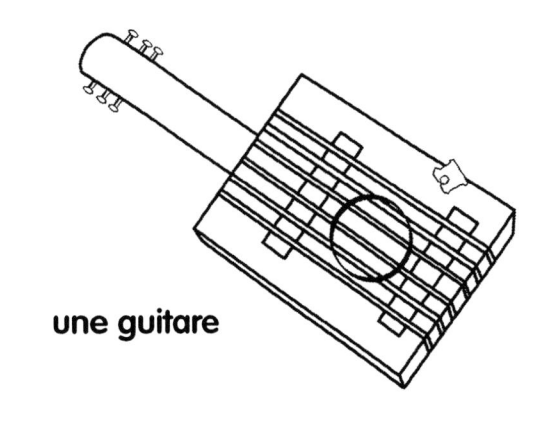

une guitare

Qu'aimerais-tu construire?

___

Dessine ta structure ci-dessous.

« Activité : Construis une structure » - Penses-y!

1. Quelle est la fonction de ta structure?

_____

2. Dresse la liste des matériaux qui la composent.
Écris pourquoi tu as choisi ces matériaux.

Matériaux	Pourquoi j'ai choisi ces matériaux

3. Qu'as-tu utilisé pour joindre les matériaux?

_____

4. De quelles façons peux-tu utiliser ta structure?

_____

Ce que j'ai appris au sujet des matériaux et des structures

1. Complète les phrases avec les mots ci-dessous.

    attache   souple   matériau   nature   structure

  a) Le bois est un _____.

  b) Un pont est une _____.

  c) Les matériaux sont fabriqués par les gens ou trouvés dans la _____.

  d) Le plastique peut être rigide ou _____.

  e) Un bouton est un type d' _____.

2. Un objet doit être fait des matériaux appropriés pour bien remplir sa fonction. Dessine un objet fait de chaque matériau ci-dessous.

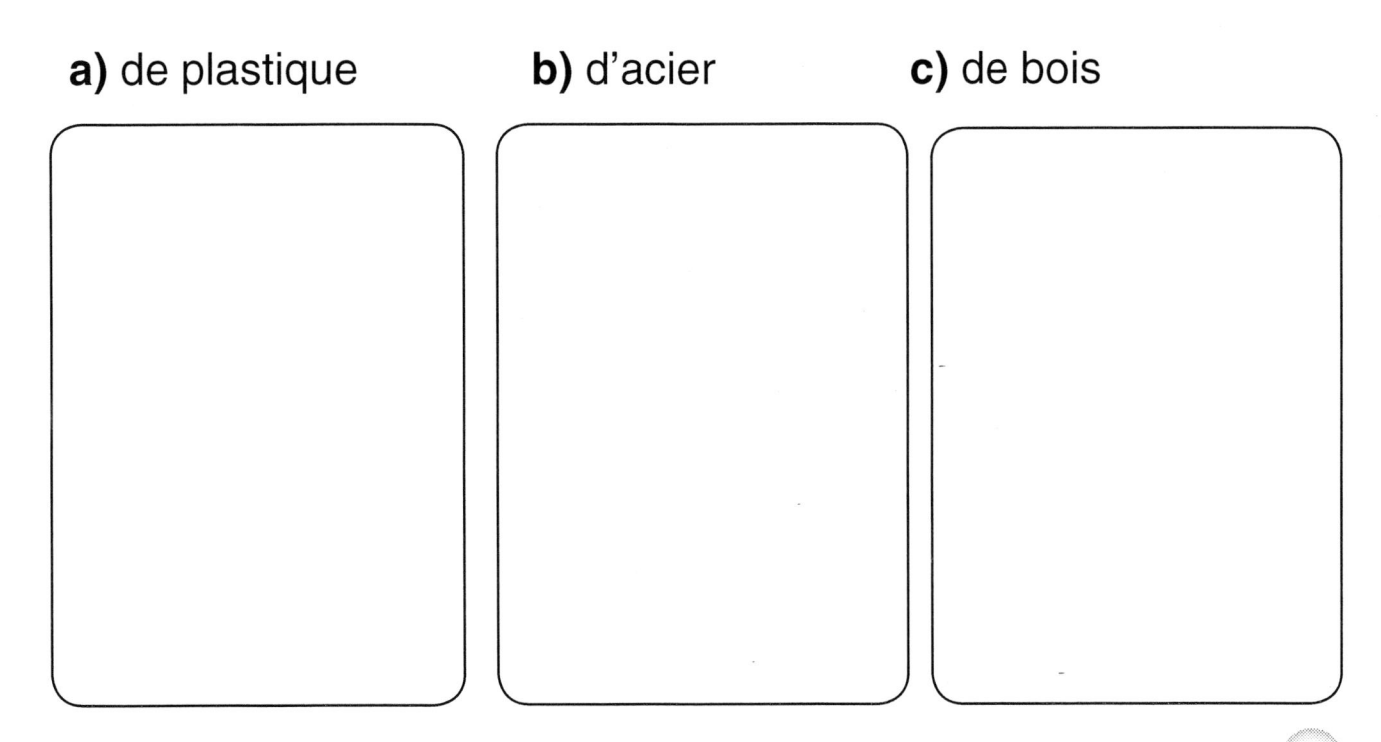

  a) de plastique   **b)** d'acier   **c)** de bois

Le jour et la nuit

Chaque jour, le soleil se lève et se couche.

C'est ce qu'on appelle le « cycle quotidien ».

Un cycle est une série d'événements qui se répètent.

Dessine des activités que tu fais à ces moments de la journée.

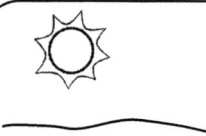

Le soleil se lève le matin.
Quand le soleil est dans le ciel, il fait **jour**.

Le soleil se couche à la fin de la journée.
Quand le soleil n'est pas dans le ciel, il fait **nuit**.

Les types de cycles

1. Encercle les cycles que tu connais.

les jours de la semaine   **les mois de l'année**   **les saisons**

2. Découpe les images. Elles montrent le cycle quotidien de la fille. Place les images dans le bon ordre.

La lumière et la chaleur influencent nos activités

Le Soleil est notre principale source de lumière et de chaleur. Nos activités dépendent de la lumière solaire et de la chaleur. L'air est souvent plus chaud par une journée ensoleillée.

| nager | faire une randonnée | jouer |

La nuit, il y très peu de lumière et il fait moins chaud.

| dormir | observer les étoiles | regarder un feu d'artifices |

Quel temps fait-il?

Le temps change chaque jour.
La température nous indique s'il fait chaud ou froid.

1. Trace une ligne, du temps qu'il fait à l'objet correspondant.

Il fait soleil.

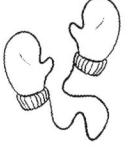

Il pleut.

Il neige.

Il y a du vent.

Il fait frais.

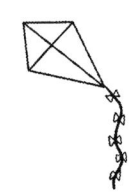

Réfléchis bien

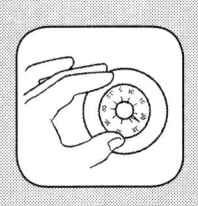

Encercle l'objet qu'on utilise quand il fait chaud.
Fais un carré autour de l'objet qu'on utilise
quand il fait froid.

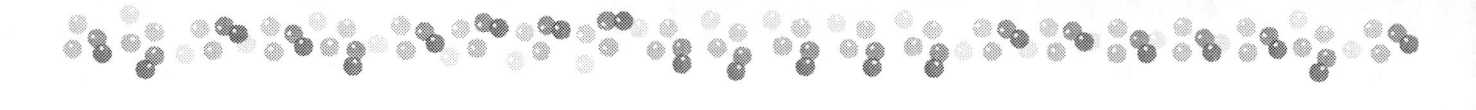

« Quel temps fait-il? » - Penses-y!

2. Quel temps fera-t-il quand tu porteras ces vêtements? Sers-toi des mots ci-dessous.

très chaud   chaud   frais   froid

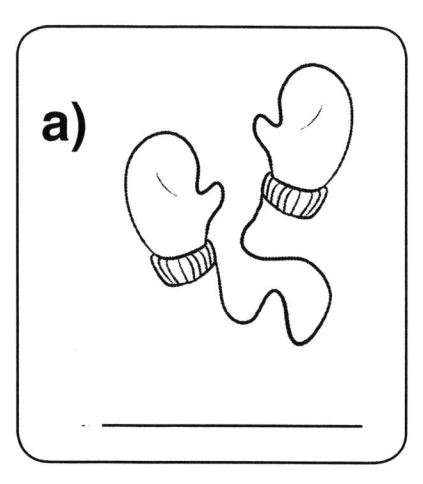

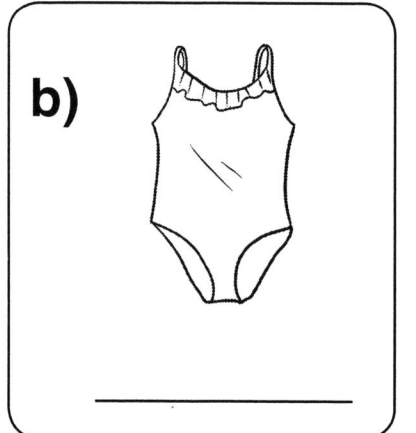

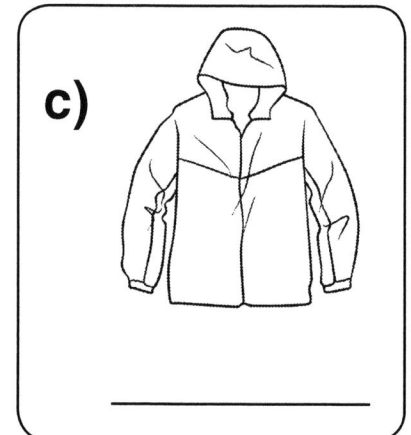

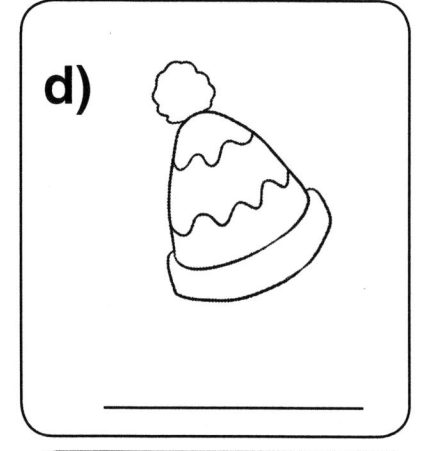

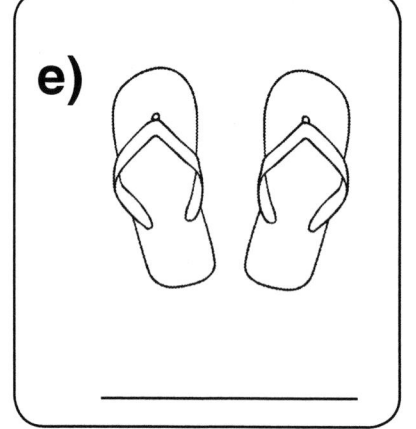

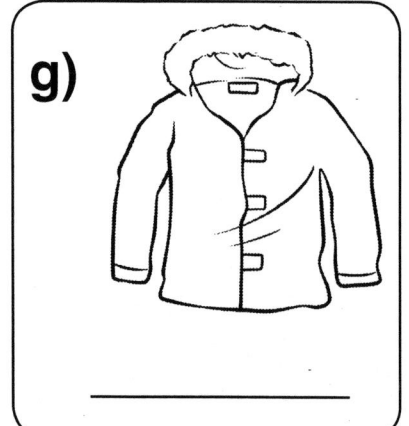

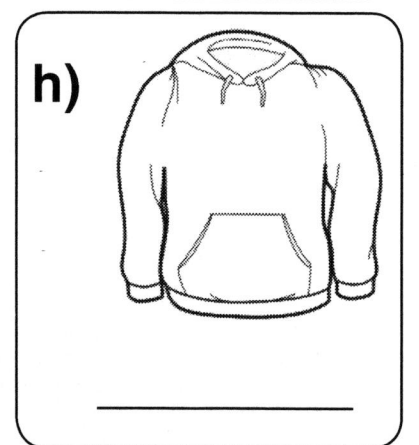

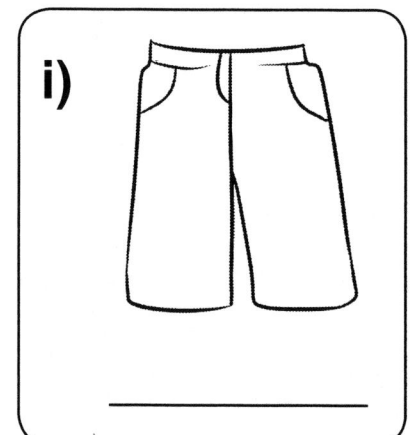

a)

b)

c)

d)

e)

f)

g)

h)

i)

Expérience : Compare les températures

Observe les changements de température au cours d'une journée.

Tu as besoin

- d'un thermomètre

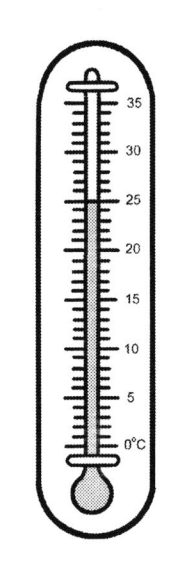

Marche à suivre

1. Regarde quelle température il fait à l'extérieur de l'école.
   Prends la température le matin, le midi et l'après-midi.
   Fais-le pendant 5 jours.
2. Complète les phrases avec les mots ci-dessous.
   Tu peux utiliser le même mot plus d'une fois.

plus frais   **plus chaud**

Je prédis qu'il fera...

_____ le matin.

_____ le midi.

_____ l'après-midi.

« Expérience : Compare les températures » - Penses-y!

1. Note les résultats avec l'aide d'une ou un adulte.

Jour	Matin	Midi	Après-midi
1			
2			
3			
4			
5			

2. La température a-t-elle changé pendant la journée?   **Oui   Non**

3. Complète les phrases avec les mots ci-dessous.

après-midi   matin   midi

a) Il fait plus chaud le _____.

b) Il fait plus frais le _____ et l'_____.

Les saisons

Dans beaucoup d'endroits, le temps change au fil de l'année.
Dans beaucoup d'endroits, les saisons changent aussi.
Fais un dessin pour chaque saison.

Le printemps

Au printemps, la neige fond.
Il fait plus chaud et il pleut.
Les fleurs et les plantes
commencent à pousser.
Les journées sont plus longues.
Les nuits sont plus courtes.

L'été

En été, il fait chaud.
Les fleurs sont épanouies.
Les journées sont longues.
Les nuits sont courtes.

suite à la page suivante

Les saisons (suite)

Fais un dessin pour chaque saison.

L'automne

En automne, il fait plus frais.
Certains arbres perdent leurs feuilles.
Les journées sont plus courtes.
Les nuits sont plus longues.

L'hiver

En hiver, il fait froid.
Beaucoup de plantes meurent.
Il y a de la neige et de la glace.
Les journées sont courtes.
Les nuits sont longues.

« Les saisons » - Penses-y!

1. Les saisons forment-elles un cycle?   **Oui   Non**

Comment le sais-tu? _____

2. Remplis les étiquettes avec les mots ci-dessous.

| l'automne | l'hiver | le printemps | l'été |

| frais | journées longues | journées courtes | chaud |

a) _____

b) _____

c) _____

d) _____

Les saisons ont des effets sur les plantes

Les plantes changent au fil des saisons.

Printemps

- Les arbres ont des bourgeons.
- Les plantes croissent.
- L'herbe verdit.
- Les fleurs printanières s'épanouissent.

Été

- Les arbres ont beaucoup de feuilles.
- Les fleurs s'épanouissent.
- L'herbe pousse.
- Certaines plantes ont des graines.

Automne

- Les feuilles changent de couleur.
- Les feuilles tombent.
- On cueille des fruits dans des arbres.

Hiver

- Les arbres n'ont plus de feuilles.
- Les plantes ne poussent plus.
- Certaines plantes meurent.

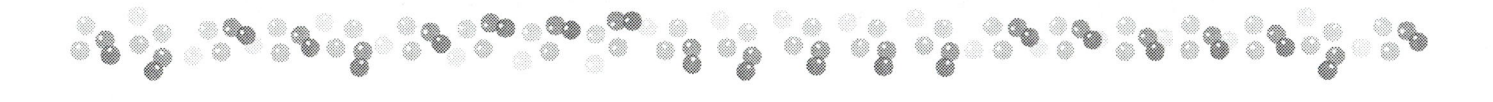

« Les saisons ont des effets sur les plantes » - Penses-y!

Remplis les étiquettes sous les pommiers avec les mots ci-dessous.

le printemps   **l'été**   **l'automne**   **l'hiver**

a) Le pommier porte des pommes mûres.

_____

b) Le pommier a beaucoup de feuilles.

_____

c) Le pommier a perdu ses feuilles.

_____

d) Le pommier porte des fleurs.

_____

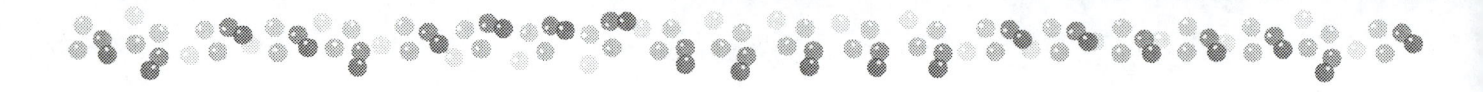

Les saisons ont des effets sur les animaux

Les animaux changent au fil des saisons.

Le printemps
- Beaucoup d'animaux naissent ou éclosent.
- Leurs parents les nourrissent et les élèvent.

L'été
- Il y a beaucoup d'insectes.
- Les animaux restent au frais. Les chauves-souris dorment dans des cavernes sombres. Les oiseaux barbotent dans l'eau.

L'automne
- Certains oiseaux et papillons migrent vers des lieux plus chauds.
- Les écureuils font des provisions.

L'hiver
- Les ours hibernent.
- La fourrure de certains animaux s'épaissit.
- La fourrure de certains animaux change de couleur.

« Les saisons ont des effets sur les animaux » - Penses-y!

Trace une ligne, de chaque animal à ce qu'il fait.
Écris le nom de la saison où il fait cette activité.

a) Le chien

Nourrissent leurs petits

Saison : _____

b) Le papillon

Hiberne

Saison : _____

c) Les parents animaux

Migre

Saison : _____

d) L'ours

Reste à l'ombre

Saison : _____

Les saisons ont des effets sur nos activités

On peut faire certaines activités de plein air uniquement au cours de certaines saisons.

Tu peux glisser en hiver seulement.

On peut faire certaines activités de plein air en toute saison.

Tu peux patiner et jouer au hockey dans un aréna. Les arénas peuvent avoir une patinoire en toute saison.

Tu peux nager au centre sportif en toute saison.

Les agriculteurs peuvent faire pousser des plantes en hiver dans des serres.

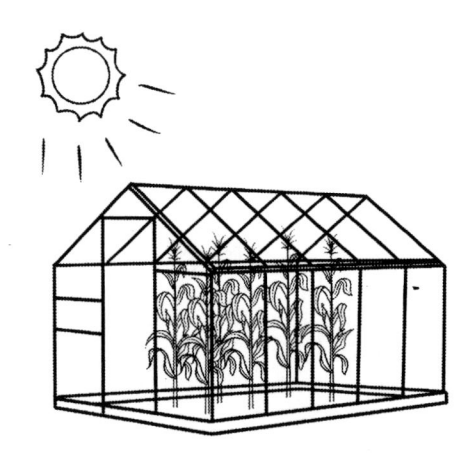

« Les saisons ont des effets sur nos activités » - Penses-y!

1. Écris la saison pendant laquelle tu peux faire chaque activité. Utilise chaque mot une seule fois.

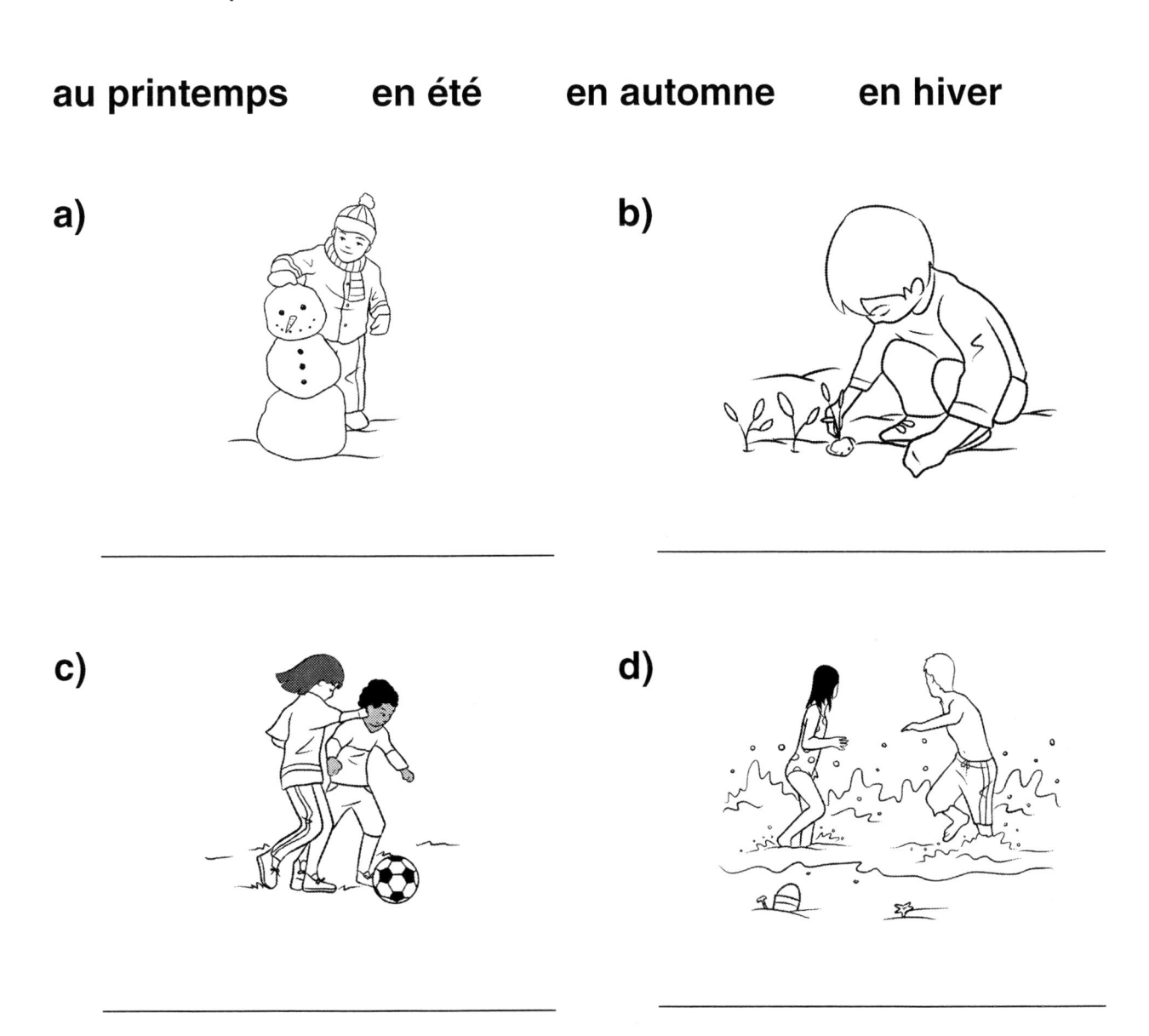

au printemps   en été   en automne   en hiver

a) _____

b) _____

c) _____

d) _____

2. Encercle l'activité que tu peux faire seulement au cours d'une saison.

3. Comment peux-tu faire une activité en toute saison?

_____

Activité : Que portes-tu?

Dessine une activité de plein air que tu aimes faire chaque saison. Dessine aussi ce que tu portes. Encercle ta saison préférée.

Le printemps	L'été

L'automne	L'hiver

Les saisons et l'environnement

Les façons dont nous utilisons l'énergie dépendent des saisons. Le temps se rafraîchit en automne. Nous mettons le chauffage dans nos maisons pour rester au chaud.

En été, il fait chaud. Nous mettons la climatisation pour rester au frais. Nous remplissons la piscine pour nous baigner et nous rafraîchir.

Tout cela nécessite de l'énergie. Il faut de l'énergie pour faire fonctionner le chauffage. Il faut de l'énergie pour pomper l'eau et réchauffer la piscine.

Nous ne devons pas utiliser trop d'énergie. Voici des façons d'utiliser moins d'énergie.

En hiver, baisse le chauffage. Mets un chandail.

Quand il fait chaud, ferme les rideaux pour bloquer les rayons du soleil.

« Les saisons et l'environnement » - Penses-y!

Complète les phrases avec les mots ci-dessous.

rafraîchir   énergie   chaudière   réchauffer

a) On utilise l'énergie pour _____ une piscine.

b) On utilise l'énergie pour réchauffer la maison avec une _____.

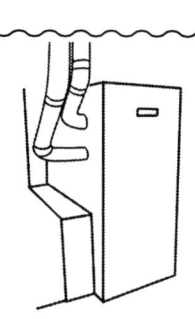

c) On utilise l'_____ pour faire de la glace en été.

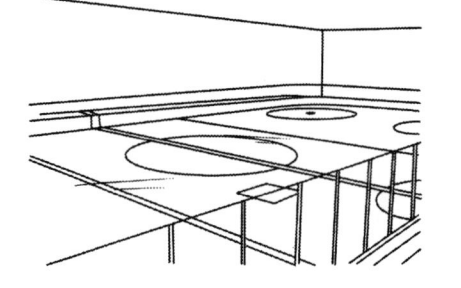

d) On utilise l'énergie pour _____ la maison avec l'air conditionné.

Le savais-tu?

En été, nous utilisons beaucoup d'eau. Nous arrosons le jardin et la pelouse. Nous jouons dans l'eau projetée par le tuyau d'arrosage. Utiliser beaucoup d'eau réduit nos réserves d'eau.

Ce que j'ai appris au sujet des saisons

1. Complète les phrases avec les mots ci-dessous.

frais   cycle   été   chaud   hiver

a) Des événements qui se répètent forment un _____.

b) Les jours sont plus longs en _____.

c) Les nuits sont plus longues en _____.

d) Il fait souvent plus _____ le midi que le matin.

e) Il fait souvent plus _____ l'après-midi que le midi.

2. Prends une autre feuille de papier.

a) Plie la feuille en deux.

b) Plie-la de nouveau en deux pour obtenir quatre cases.

c) Utilise une case pour chaque saison.

d) Écris le nom de la saison au haut de la case.

e) Dessine une chose que les animaux font dans cette saison.

f) Ajoute une étiquette à chaque dessin.

Une toile d'idées sur...

_____

Spécialiste des sciences!

_____

Tu es formidable!

Excellent travail!

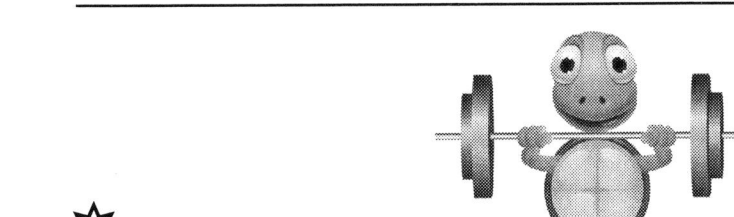

_____

Continue tes efforts!

Vocabulaire des sciences

Domaine étudié : _____

Note les nouveaux mots que tu as appris en sciences. N'oublie pas d'écrire la définition de chaque mot.

Mots	Définition

Évaluation de mon travail

	Je fais mon travail	Je gère mon temps	Je suis les consignes	J'organise mes affaires
SUPER!	• Je fais toujours mon travail au complet et avec soin. • J'ajoute des détails supplémentaires.	• Je termine toujours mon travail à temps.	• Je suis toujours les consignes.	• Mes affaires sont toujours en ordre. • Je suis toujours prêt(e) et disposé(e) à apprendre.
CONTINUE!	• Je fais mon travail au complet et avec soin. • Je vérifie mon travail.	• Je termine généralement mon travail à temps.	• Je suis généralement les consignes sans qu'on me les rappelle.	• Je trouve généralement mes affaires. • Je suis généralement prêt(e) et disposé(e) à apprendre.
ATTENTION!	• Je fais mon travail au complet. • Je dois vérifier mon travail.	• Je termine parfois mon travail à temps.	• J'ai parfois besoin qu'on me rappelle les consignes.	• J'ai parfois besoin de temps pour trouver mes affaires. • Je suis parfois prêt(e) et disposé(e) à apprendre.
ARRÊTE!	• Je ne fais pas mon travail au complet. • Je dois vérifier mon travail.	• Je termine rarement mon travail à temps.	• J'ai besoin qu'on me rappelle les consignes.	• Je dois mieux organiser mes affaires. • Je suis rarement prêt(e) et disposé(e) à apprendre.

Grille d'évaluation - Sciences

	Niveau 1 Rendement inférieur aux attentes	**Niveau 2** Rendement se rapproche des attentes	**Niveau 3** Satisfait les attentes	**Niveau 4** Surpasse les attentes
Connaissance des concepts	• L'élève démontre une compréhension limitée des concepts. • L'élève donne rarement des explications complètes. • L'élève a besoin de beaucoup d'aide de la part de l'enseignant(e).	• L'élève démontre une compréhension satisfaisante de la plupart des concepts. • L'élève donne parfois des explications appropriées mais incomplètes. • L'élève a parfois besoin de l'aide de l'enseignant(e).	• L'élève démontre une grande compréhension de la plupart des concepts. • L'élève donne habituellement des explications complètes ou presque complètes. • L'élève a besoin de peu d'aide de l'enseignant(e).	• L'élève démontre une compréhension solide de presque tous les concepts. • L'élève donne presque toujours des explications appropriées et complètes, sans aide. • L'élève n'a pas besoin de l'aide de l'enseignant(e).
Mise en application des concepts	• L'élève établit des liens entre les concepts et le monde réel avec beaucoup d'aide de la part de l'enseignant(e). • L'élève met rarement les concepts en application de manière appropriée et précise.	• L'élève établit des liens entre les concepts et le monde réel avec l'aide de l'enseignant(e). • L'élève met parfois les concepts en application de manière appropriée et précise.	• L'élève établit des liens entre les concepts et le monde réel avec peu d'aide de l'enseignant(e). • L'élève met habituellement les concepts en application de manière appropriée et précise.	• L'élève établit, sans aide, des liens entre les concepts et le monde réel. • L'élève met presque toujours les concepts en application de manière appropriée et précise.
Communication écrite des idées	• L'élève utilise peu le processus de la pensée critique pour exprimer ses idées. • Peu de ses idées sont bien organisées et efficaces.	• L'élève utilise parfois le processus de la pensée critique pour exprimer ses idées. • Certaines de ses idées sont bien organisées et efficaces.	• L'élève utilise bien le processus de la pensée critique pour exprimer ses idées. • La plupart de ses idées sont bien organisées et efficaces.	• L'élève utilise efficacement le processus de la pensée critique pour exprimer ses idées. • Ses idées sont toujours bien organisées et efficaces.
Communication orale des idées	• L'élève utilise rarement la terminologie appropriée dans les discussions.	• L'élève utilise parfois la terminologie appropriée dans les discussions.	• L'élève utilise habituellement la terminologie appropriée dans les discussions.	• L'élève utilise presque toujours la terminologie appropriée dans les discussions.

Remarques : _____

_____

Domaine des sciences _____

Nom de l'élève	Connaissance des concepts	Mise en application des concepts	Communication écrite des idées	Communication orale des idées	Note générale

Chalkboard Publishing © 2012

CORRIGÉ

Module : Les besoins des êtres vivants

Les êtres vivants, pages 2-3
1. Tous les êtres vivants ont besoin de nourriture, d'eau et d'air.
2. Oui, parce qu'un écureuil grandit, bouge, et a besoin de nourriture, d'eau et d'air pour vivre.
3. Les élèves devraient avoir encerclé l'homme, le chien, la vache et la fleur.

Un collage d'êtres vivants, page 4
Les phrases varieront, mais elles devraient démontrer une compréhension du fait que tous les êtres vivants grandissent, bougent, et ont besoin de nourriture, d'eau et d'air pour vivre.

Un collage d'objets inanimés, page 5
Les phrases varieront, mais elles devraient démontrer une compréhension du fait que les objets inanimés ne grandissent pas, ne bougent pas, et n'ont pas besoin de nourriture, d'eau et d'air.

Mon corps, page 6

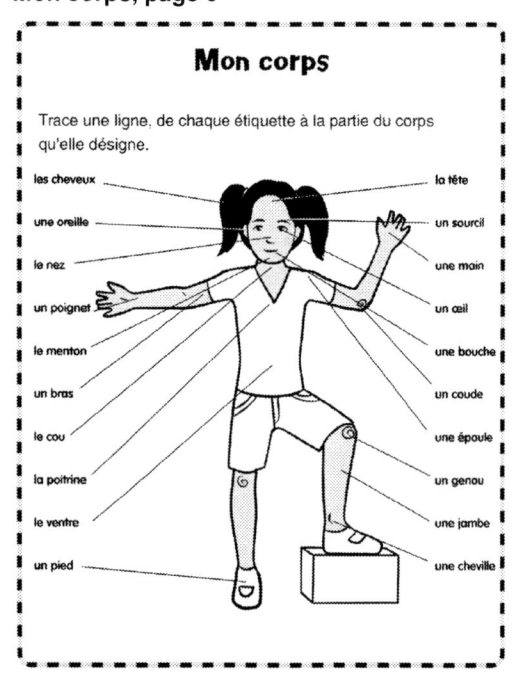

Pourquoi ton corps est utile, pages 7-8
1. les muscles
2. les dents
3. le cerveau
4. les doigts
5. les poumons
6. le cœur
7. les os

Tes cinq sens, pages 9-11
1. yeux
2. oreilles
3. doigts
4. nez
5. langue
6. a) l'odorat; b) le toucher; c) l'ouïe; d) le goût; e) la vue

Comment les animaux se déplacent, page 12
1. a) le lapin; b) la tortue; c) le tigre; d) le singe

Compare des êtres vivants, page 13
Les réponses varieront selon les êtres vivants que les élèves auront choisi de comparer.

Les parties d'une plante, pages 14-15
1. a) la fleur; b) la tige; c) les feuilles; d) les racines
2. Exemples de réponses : Ressemblances - les deux ont des feuilles; les deux sont des plantes. Différences - l'une a une fleur, l'autre n'en a pas; l'une est grande, l'autre est petite.

Expérience : Comment les plantes absorbent-elles de l'eau? pages 16-17
1. Les élèves devraient remarquer des points rouges indiquant que le colorant alimentaire est absorbé par la branche. Le lendemain, la branche entière et les feuilles devraient être teintées de rouge.
2. La tige fait circuler l'eau dans la plante.

Réfléchis bien, page 18
Exemple de réponse : Un tamia obtient de l'air, de la nourriture, de l'eau et un abri de son environnement.

Les animaux vivent dans des lieux différents, page 19
a) l'orignal : la forêt; b) le canard : l'étang; c) la baleine : l'océan; d) le hibou : l'arbre; e) l'abeille : la ruche

Un environnement sain, page 20
Les réponses varieront.

Les humains ont des effets sur les autres êtres vivants, pages 21-22
1. Exemple de réponse : L'eau polluée pourrait rendre les poissons malades ou les faire mourir.
2. Vérifiez que les dessins des élèves montrent des façons d'aider l'environnement.
3. Vérifiez que les phrases des élèves expliquent bien leurs dessins.

S'occuper des êtres vivants, page 23
Les dessins et les réponses varieront.

Ce que j'ai appris au sujet des êtres vivants, page 24
1. a) plantes; b) air, eau; c) tige; d) environnement
2. a) nez; b) yeux; c) oreilles

Module : L'énergie

Réfléchis bien, page 25
Les élèves devraient répondre que la nourriture leur fournit l'énergie dont ils ont besoin pour grandir.

Qu'est-ce que l'énergie? pages 25-26
1. sauter
2. énergie
3. produire
4. Les élèves devraient avoir encerclé B, C, D et F.

D'où provient l'énergie? page 27
1. Les réponses varieront.
2. Vous pourriez aussi demander aux élèves de communiquer leurs réponses à la classe.

Nous obtenons de l'énergie du Soleil, page 28
Les dessins varieront, mais devraient montrer ce que font la lumière et la chaleur du Soleil.

Expérience : Quel effet la lumière solaire a-t-elle sur l'eau? pages 29-30
1. Les réponses varieront. Les élèves devraient prédire que l'eau au soleil va se réchauffer.
2. Les réponses varieront.
3. Les réponses varieront, mais les élèves devraient remarquer que l'eau au soleil est plus chaude que l'eau à l'ombre.
4. a) chaud; b) frais

Expérience : Quel effet la lumière solaire a-t-elle sur les plantes? pages 31-32
1. Les réponses varieront.
2. Les dessins devraient montrer que la plante placée au soleil est toujours verte et en bonne santé, mais que la plante placée à l'ombre a jauni et est presque morte.
3. Exemple de réponse : La plante qui n'a pas obtenu de lumière a jauni et est presque morte.
4. lumière solaire

Nous obtenons de l'énergie des aliments, pages 33-34
1. Les étiquettes, dans le sens contraire des aiguilles d'une montre : le Soleil, les plantes, les animaux, les humains
2. a) Soleil; b) énergie; c) animaux, plantes

Réfléchis bien, page 35
Exemples de réponses : jouet, lampe de poche, radio, baladeur, cellulaire, appareil photo

L'énergie au travail, pages 35-36
1. a) pile; b) vent; c) essence; d) bois; e) électricité; f) le Soleil

Activité : Jeu d'association sur l'énergie, page 37
a) du bois - un feu de camp, chaleur; b) une prise de courant - une lampe, lumière; c) une pile - une radio, son; d) du vent - un cerf-volant, mouvement

Réfléchis bien, page 39
Je suis une montgolfière.

Se servir de l'énergie pour rester au chaud et au frais, page 41
Les réponses varieront, mais devraient représenter les saisons indiquées.

Comment économiser l'énergie, pages 42-43
1. Les élèves devraient avoir écrit É pour (a) et (b), et G pour (c), (d) et (e).
2. Les dessins varieront.

Que ferais-tu? page 44
Exemples de réponses : a) jouer aux cartes ou à un jeu de société; b) utiliser une chandelle ou une lampe de poche

Ce que j'ai appris au sujet de l'énergie, page 45
1. a) Soleil; b) énergie; c) électricité; d) économiser
2. Les réponses varieront.
3. Les réponses varieront.

Module : Matériaux, objets et structures

Les objets sont faits de matériaux, pages 46-47
1. Vérifiez que les élèves ont bien reconnu les matériaux dont sont faits les objets. Vous pourriez demander aux élèves d'expliquer leurs choix à la classe.
2. Les réponses varieront.

Trouve des objets, page 48
Vérifiez que les élèves ont bien reconnu les matériaux dont sont faits les objets. Vous pourriez demander aux élèves d'expliquer leurs choix à la classe.

Les structures sont faites de matériaux, pages 49-50
1. Les élèves devraient avoir encerclé le pont et fait un carré autour de la toile d'araignée.
2. Oui, parce qu'il est fait de différents matériaux et qu'il a une fonction, celle d'aider les gens à se déplacer d'un endroit à un autre.
3. a) Une glissoire : métal et plastique; b) Un parapluie : métal et plastique ou tissu

Les matériaux naturels, pages 51-52
Matériaux naturels : laine, sève, bois
Matériaux fabriqués par les gens : tissu, plastique, acier

Le savais-tu? page 52
Exemples de réponses : cuillère, voiture, marteau, armature d'une bicyclette, pattes d'un pupitre, poignée de porte

D'où proviennent les matériaux, page 53
Le caoutchouc : de la sève; le tissu : du coton; l'acier : de la roche; le papier : d'un arbre; la laine : d'un mouton

Activité : Décris des objets, pages 54-55
Demandez aux élèves d'expliquer leurs choix à la classe.
Vérifiez que les objets correspondent aux descriptions.

Encore des objets et des matériaux, page 56
Exemples de réponses : Les bottes - caoutchouc; les patins - cuir, métal et tissu; les pantoufles - caoutchouc et tissu

Activité : Des chaises faites de divers matériaux, page 57
Exemples de réponses :
b) Chaise de plastique : Le plastique est fabriqué à partir de pétrole, et l'acier est fabriqué à partir de métaux et minéraux tirés de la roche; solide, au début; le plastique devient rugueux et craquelé avec le temps; le métal peut se briser et rouiller.
c) Chaise de tissu : Le tissu est fabriqué à partir de coton ou de vinyle, et l'acier est fabriqué à partir de métaux et minéraux tirés de la roche; pas très solide; le tissu peut se déchirer et ne dure pas longtemps; le métal peut se briser ou rouiller.

CORRIGÉ

Les attaches, pages 58-59
Exemples de réponses :
a) De la colle : joint deux morceaux de papier
b) Une agrafe : joint deux ou plusieurs feuilles de papier
c) Du fil : joint deux morceaux de tissu
d) Un bouton : joint deux parties d'un vêtement
e) Une vis : joint deux morceaux de bois
f) Une punaise : joint une feuille de papier et un tableau d'affichage en liège

Expérience : L'eau stoppée, pages 60-61
1. L'expérience devrait révéler que la pellicule plastique, le ballon et le papier d'aluminium stoppent l'eau.
2. Les réponses varieront.
3. Les bottes sont faites de caoutchouc, qui empêche l'eau de pénétrer et est donc imperméable.

Expérience : L'eau absorbée, pages 62-63
1. L'expérience devrait révéler que l'éponge, le papier journal et le tissu de coton absorbent l'eau.
2. Les réponses varieront.
3. Les élèves devraient avoir encerclé le rouleau d'essuie-tout.

Activité : Comment réduire les déchets, page 64
Les réponses varieront.

Activité : Construis une structure, pages 65-66
Les réponses varieront selon la structure que construit chaque élève.

Ce que j'ai appris au sujet des matériaux et des structures, page 67
1. a) matériau; b) structure; c) nature; d) souple; e) attache
2. Exemples de réponses : a) récipient alimentaire réutilisable; b) marteau; c) cabane à oiseaux

Module : Le cycle des jours et des saisons

Le jour et la nuit, page 68
Vérifiez que les images montrent clairement la différence entre ce qu'ils peuvent faire le matin et ce qu'ils peuvent faire la nuit.

Les types de cycles, page 69
1. Les réponses varieront.
2. La fille se lève quand le soleil brille; elle mange des céréales au déjeuner; elle travaille à l'école; elle mange son dîner; elle lit une histoire avec sa famille; elle dort.

Quel temps fait-il? pages 71-72
1. Il fait soleil : lunettes de soleil; il pleut : parapluie; il neige : mitaines; il y a du vent : cerf-volant; il fait frais : manteau
2. a) froid; b) très chaud; c) frais; d) froid; e) très chaud; f) chaud; g) froid; h) frais; i) chaud

Expérience : Compare les températures, pages 73-74
1. Les réponses varieront. Assurez-vous que les élèves reconnaissent bien les températures indiquées par le thermomètre.
2. oui
3. a) midi; b) matin, après-midi

Les saisons, pages 75-77
1. Oui. Exemple de réponse : Chaque année, le temps devient plus chaud du printemps à l'été, plus froid de l'été à l'automne, encore plus froid de l'automne à l'hiver, et plus chaud de l'hiver au printemps.
2. a) le printemps, chaud; b) l'été, journées longues; c) l'automne, frais; d) l'hiver, journées courtes

Les saisons ont des effets sur les plantes, pages 78-79
a) l'automne; b) l'été; c) l'hiver; d) le printemps

Les saisons ont des effets sur les animaux, pages 80-81
a) Le chien : reste à l'ombre; l'été
b) Le papillon : migre; l'automne
c) Les parents animaux : nourrissent leurs petits; le printemps
d) L'ours : hiberne; l'hiver

Les saisons ont des effets sur nos activités, pages 82-83
1. a) en hiver; b) au printemps; c) en automne; d) en été
2. Les élèves devraient avoir encerclé (a) la construction d'un bonhomme de neige, une activité qu'on ne peut faire qu'en hiver.
3. Exemple de réponse : On peut nager à l'intérieur en hiver.

Activité : Que portes-tu? page 84
Exemples de réponses :
Le printemps : Chandail ou kangourou, manteau léger, chaussures de course; se promener à vélo
L'été : T-shirt, short, tongs, maillot de bain; se baigner
L'automne : Kangourou, manteau léger, pantalon, chaussures de course; jouer au soccer
L'hiver : Tuque, mitaines, manteau chaud, pantalon de neige, bottes; faire du toboggan

Les saisons et l'environnement, pages 85-86
a) réchauffer; b) chaudière; c) énergie; d) rafraîchir

Ce que j'ai appris au sujet des saisons, page 87
1. a) cycle; b) été; c) hiver; d) chaud; e) frais
2. Vérifiez que les différences dans les activités saisonnières des animaux sont clairement représentées.